新能源汽车
电气系统检修

主　　编　董大伟

副 主 编　王　佳　邢海波　刘尚达

参编人员　钟　原　张东军　赖燕梅

机械工业出版社

本书是新能源汽车相关专业"岗课赛证"综合育人系列教材，包含新能源汽车电气相关的8个项目，计18个学习任务，每个任务按照任务目标、任务框图、任务导入、任务分组、获取信息、任务实施、评价反馈等环节进行教学设计，并结合岗位的需求设置任务实施的学习内容。本书的主要内容包括新能源汽车起动系统检修，新能源汽车门锁与车窗检修，新能源汽车座椅检修，新能源汽车刮水器检修，新能源汽车灯光系统检修，新能源汽车空调检修，新能源汽车组合仪表检修，新能源汽车档位、加速踏板、制动系统检修，内容覆盖全面，实用性强。本书注重专业课程内容和素质教育内容的结合，以技术为主线，素质教育内容作为渗透，综合育人，使教材更具职教特色。

本书从"岗课赛证"综合育人的理念出发，融"岗""赛""证"要素于"课"。本书通过"岗课融通""课赛融通"及"课证融通"，加强学生就业、前沿技术、新标准规范等内容的学习，培养更多创新型、复合型的高素质新能源汽车技术高技能人才。

本书为校企双元开发，按照活页式教材进行打造，面向新能源汽车检修、装调、测试等职业岗位，适用于汽车制造与试验技术、新能源汽车技术、智能网联汽车技术、汽车检测与维修技术、汽车智能技术、汽车电子技术、新能源汽车检测与维修技术等高校专业，便于教师教学、学生学习，也可作为从事相关工作的工程技术人员参考。

为方便教学，本书配有电子课件等资源。凡选用本书作为授课教材的教师均可登录 www.cmpedu.com，以教师身份注册后免费下载，或来电咨询，咨询电话：010-88379201。

图书在版编目（CIP）数据

新能源汽车电气系统检修 / 董大伟主编. —北京：机械工业出版社，2023.7（2025.8重印）

ISBN 978-7-111-73132-0

Ⅰ.①新…　Ⅱ.①董…　Ⅲ.①新能源 – 汽车 – 电气系统 – 检修　Ⅳ.①U469.703

中国国家版本馆CIP数据核字（2023）第080591号

机械工业出版社（北京市百万庄大街22号　邮政编码100037）
策划编辑：师　哲　　　　　　责任编辑：师　哲
责任校对：韩佳欣　梁　静　　封面设计：王　旭
责任印制：常天培
北京联兴盛业印刷股份有限公司印刷
2025 年 8 月第 1 版第 6 次印刷
210mm×285mm·12.75 印张·326 千字
标准书号：ISBN 978-7-111-73132-0
定价：55.00 元

电话服务　　　　　　　　　网络服务
客服电话：010-88361066　　机　工　官　网：www.cmpbook.com
　　　　　010-88379833　　机　工　官　博：weibo.com/cmp1952
　　　　　010-68326294　　金　书　网：www.golden-book.com
封底无防伪标均为盗版　机工教育服务网：www.cmpedu.com

编审委员会

前言 Preface

我国新能源汽车的发展以"三纵三横"为技术路线,其中,"三横"是指动力蓄电池与管理系统、驱动电机与电力电子、网联化与智能化技术,由此可知新能源汽车电气系统的重要性。电气系统是新能源汽车电子控制核心,是新能源汽车的重要系统,性能良好的电气系统极大地影响着各大车企的核心竞争力,新能源汽车的质量与效率等都与汽车电气系统有直接的关系。只有选择合适的电气系统,采用完善的控制技术,不断完善相关系统,才能够保证新能源汽车朝着稳定且良好的方向不断发展。

教材开发团队按照《职业教育专业目录2021》中的汽车相关专业,调研了主机厂、服务商、配件厂、汽车维修公司等相关企业和新能源汽车组装、测试、售后、救援等相关岗位,分析了汽车销售顾问、测试工程师、售后服务顾问、维修技师、电气系统工程师等岗位的实际工作任务,依据国家教学标准要求,组织了相关学校教师和企业专家,结合多年的教学经验和实践基础,主要以比亚迪新能源汽车为蓝本,编写了本书。

本书具有以下特点:

1. 深入贯彻落实党的二十大精神,用社会主义核心价值观铸魂育人,将文化教育与素质教育相融合,文字简洁、通俗易懂、图文并茂、形象直观,在培养学生专业能力的同时,关注学生身心健康的发展,坚定学生的理想信念,加强职业道德与爱国主义的教育,激发学生的家国情怀和使命担当,培养学生的工匠精神和环保意识,培养适合新时代发展需要的德才兼备的高素质人才。

2. 聚焦"岗课赛证"综合育人理念,对课程的知识点、技能点、项目资源进行重构设计,将职业技能等级证书评价、全国职业院校技能大赛评价融入课程教学考核评价体系,注重实用性,体现先进性,保证科学性,凸显职业性,贯穿可操作性。

3. 本书以"做中学"为主导,以技术性知识为主体,配以必要的陈述性知识和策略性知识,重点强化"如何做",将必要知识点穿插于各个"做"的步骤中,边学习、边实践,在实训教学中渗透理论的讲解,使学生对所学到的知识能够融会贯通。培养学生独立思考、将理论运用于实践的能力。

本书由董大伟任主编,王佳、邢海波、刘尚达任副主编,钟原、张东军、赖燕梅参加了编写。

本书主要由吉林铁道职业技术学院和行云新能科技(深圳)有限公司联合开发,并由比亚迪汽车工业有限公司进行审核。由于作者水平有限,书中不妥和错误之处在所难免,恳请读者提出宝贵建议,以便修订时予以改正。

编 者

二维码索引

名称	图形	页码	名称	图形	页码
正常状态下车辆起动系统数据采集		004	近光灯故障检修		107
车辆起动系统故障排除		014	空调故障检修		137
中控锁故障检修		032	正常状态下仪表模块数据采集		158
电动车窗故障检修		050	仪表不亮故障检修		168
座椅故障检修		072	档位、加速踏板、制动系统参数采集		179
刮水器故障检修		088	档位、加速踏板、制动系统故障排除		186

目 录 Contents

项目一
新能源汽车起动系统检修

任务一　起动系统控制原理认知

🎯 任务目标

知识目标

1. 掌握新能源汽车起动系统的基本组成。
2. 掌握起动系统各组件的结构和功能。
3. 掌握集成式车身控制器的功能和安装位置。

技能目标

1. 具备从多途径的信息源中检索专业知识的能力。
2. 具备起动系统模块检查的能力。

素养目标

1. 认真严谨、积极主动，安全生产、文明施工。
2. 与小组成员、同学之间能合作交流，协调工作。
3. 获得分析问题和解决问题的基本方法。
4. 积极主动与小组成员交流、讨论学习成果，取长补短，完成自我提升。

🚀 任务框图

起动系统控制原理认知

- 比亚迪秦EV起动系统概述
  - BCM的介绍
  - BCM的安装位置
- 比亚迪秦EV车辆起动
  - 起动原理
  - 智能钥匙模块(I-key ECU)安装位置及数据采集

📂 任务导入

　　随着新技术的发展，新能源汽车的功能大都实现了电子自动化，新能源汽车的起动系统也一样，利用智能钥匙就可以进行汽车的相关起动和信号控制。作为某车企的技术培训师，请你给4S店的维修技师介绍电动汽车起动系统的工作原理，你知道如何进行介绍吗？

👥 任务分组

学生任务分配表见表1-1-1。

表1-1-1　学生任务分配表

班　　级		组　　号		指 导 老 师	
组　　长		学　　号			
组　　员	姓名：＿＿＿＿＿＿　学号：＿＿＿＿＿＿		姓名：＿＿＿＿＿＿　学号：＿＿＿＿＿＿		
	姓名：＿＿＿＿＿＿　学号：＿＿＿＿＿＿		姓名：＿＿＿＿＿＿　学号：＿＿＿＿＿＿		
	姓名：＿＿＿＿＿＿　学号：＿＿＿＿＿＿		姓名：＿＿＿＿＿＿　学号：＿＿＿＿＿＿		
	姓名：＿＿＿＿＿＿　学号：＿＿＿＿＿＿		姓名：＿＿＿＿＿＿　学号：＿＿＿＿＿＿		
任务分工					

（就组织讨论、工具准备、数据采集、数据记录、安全监督、成果展示等工作内容进行任务分工）

🌐 获取信息

❓ 引导问题1：我们都知道新能源汽车的起动系统是车辆必不可少的一部分，请你查阅相关资料，简单介绍新能源汽车的起动系统并写在下面的横线上。

＿＿＿＿＿＿＿＿＿＿＿＿＿＿＿＿＿＿＿＿＿＿＿＿＿＿＿＿＿＿＿＿＿＿＿＿＿＿

＿＿＿＿＿＿＿＿＿＿＿＿＿＿＿＿＿＿＿＿＿＿＿＿＿＿＿＿＿＿＿＿＿＿＿＿＿＿

💡 知识点提示

一、比亚迪秦EV起动系统概述

　　驾驶人手持智能钥匙，智能钥匙模块在智能钥匙距离车门0.7～1.5m处即可探测到钥匙信号。驾驶人可通过智能钥匙实现远程解锁车门、上电和起动等操作。整个系统通过一个集成式车身控制器（BCM）控制，当BCM探测到钥匙在某个探测区域范围内时，会立即对钥匙进行探测与验证，并发送运行的信号给执行相关动作的ECU，完成整个系统工作。探测系统由六个探测天线总成（车内三个，车外三个）和一个集成在控制器内的高频接收模块组成，有效探测范围为车内至车外1.5m的区域内。图1-1-1所示为比亚迪秦EV智能钥匙天线探测范围。

图 1-1-1　比亚迪秦 EV 智能钥匙天线探测范围

1. BCM 的介绍

BCM在汽车工程中是指用于控制车身电气系统的电子控制单元（ECU），是汽车的重要组成部分之一。

秦EV BCM的功能包括控制电动车窗、电动后视镜、灯光系统、发动机声模拟发生器、胎压监测系统、防盗锁止系统、中控锁、除霜装置等，为空调控制器提供电源。BCM可以通过总线与其他车载ECU相连。

BCM的重要任务是简化操作，减少乘员的手动操作，以免分散乘员的注意力。BCM包括汽车安全、舒适性控制和信息通信系统，主要用于增强汽车的安全性、舒适性和方便性。

（1）增强汽车的安全性　保障安全性的装置有安全气囊、安全带、中央防盗门锁。

（2）增强汽车的舒适性　保障舒适性的装置有自适应空调、座椅控制（高配车型）。

（3）增强汽车的方便性　保障方便性的装置有自动车窗、电动门锁、电动后视镜、电动天窗（安装时）等和满足多种用电设备需求的电源管理系统等。还有用于和车外连接以及协调整车各部分ECU的功能，将大量计算机、传感器与交通管理服务系统连接在一起的综合显示系统、驾驶人信息系统、导航系统、计算机网络系统、状态监测与故障诊断系统等。

BCM的功能如下：

1）接收传感器或其他装置输入的信息，将输入的信息转变为微处理器所能接收的信号。

2）存储、计算、分析处理信息，分析输出值所用的程序，存储该车型的特点参数、运算中的数据（随存随取）、故障信息。

3）运算分析。根据信息参数求出执行命令数据，将输入信息与标准值进行对比，查出故障。

4）输出执行命令。将弱信号转变为执行命令，输出故障信息，自我修正。

BCM的组成如下：

（1）输入回路　输入BCM的传感器信号有两种：一种是模拟信号，另一种是数字信号。信号的类型不同，输入BCM后的处理方法也不同。从传感器输出的信号输入BCM后，首先通过输入回路，输入回路将模拟信号和数字信号转换为合适的电平信号后输入微控制器。

（2）微控制器　微控制器的主要功能是根据车身控制的需要，把各种传感器送来的信号用内存的程序和数据进行运算处理，并把处理结果送往输出回路。

（3）输出回路　由于微控制器输出的是电压很低的数字信号，这种信号一般是不能直接驱动执行元件的，而输出回路的作用就是将微控制器输出的数字信号转变为可执行元件的输入信号。

2. BCM 的安装位置

BCM安装在驾驶室内，转向盘下方。图1-1-2所示为BCM的安装位置。

图 1-1-2　BCM 的安装位置

❓ 引导问题 2：新能源汽车的钥匙通常都是智能钥匙，我们可以站在车外一定距离的地方起动车辆。那你知道智能钥匙是如何起动车辆的吗？请你查阅相关资料，并在下面横线上做简要的回答。

_____

_____

💡 **知识点提示**

二、比亚迪秦EV车辆起动

1. 起动原理

　　驾驶人持有合法的比亚迪秦 EV 智能钥匙，当驾驶人靠近车辆 0.7~1.5m 时，智能钥匙发出 434MHz 频率的寻车信号，前舱配电盒给集成式车身控制器（BCM）提供 12V 的常电，BCM 控制车内外的天线会发出低频信号，智能钥匙的寻车信号经过舒适网以及车载 4G 模块与云端进行信息交互，钥匙对码、匹配成功后，BCM 控制喇叭继电器工作，车辆的喇叭会应答一声，说明钥匙匹配成功。驾驶人可以直接拉开车门进入驾驶室内起动车辆。图 1-1-3 所示为智能钥匙解锁系统框图。

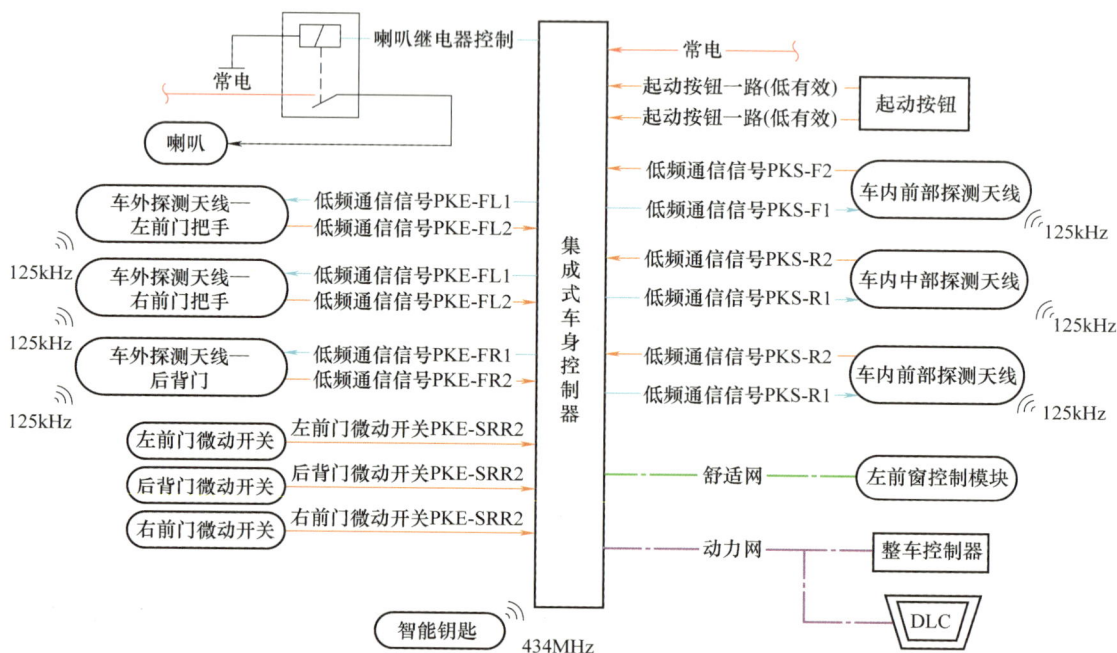

图 1-1-3　智能钥匙解锁系统框图

　　驾驶人持有合法的智能钥匙进入驾驶室内，踩下制动踏板，同时按下一键起动开关，如果整车系统是正常状态，此时组合仪表上的"OK"指示灯点亮，车辆上电成功。

　　智能钥匙模块通过起动子网与 BCM 进行通信，BCM 通过 G2I-21 和 G2I-22 两个端子采集起动开关信号。按下一键起动开关，插接件 G16-8 和 G16-6 同时与车身 GND 导通，此时 BCM 控制 IG3 继电器吸合，输出各模块所需要的双路电。一键起动开关电气原理图如图 1-1-4 所示。

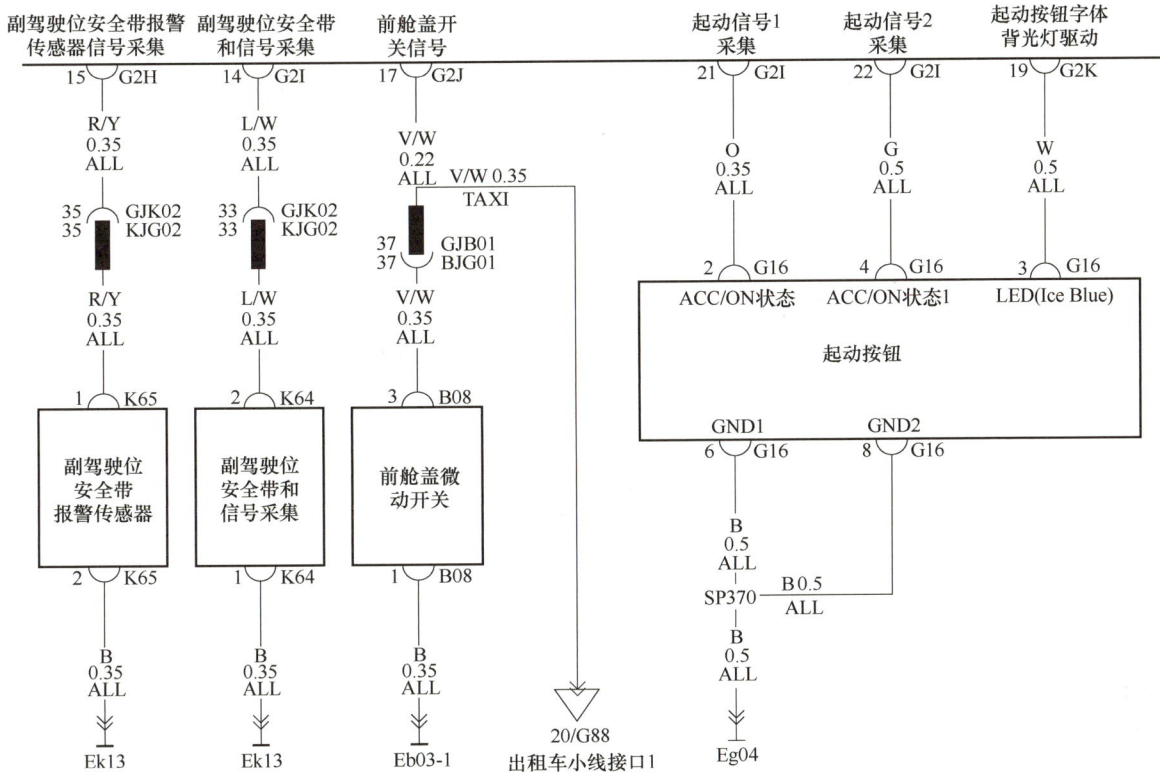

图 1-1-4　一键起动开关电气原理图

2. 智能钥匙模块（I-key ECU）安装位置及数据采集

比亚迪秦 EV 汽车的智能钥匙模块安装在行李舱左侧翼子板处。在维修检测时需要拆卸行李舱内饰板，注意：内饰板扣损坏后要立即更换，否则会增大噪声。图 1-1-5 所示为智能钥匙模块安装位置。

智能钥匙模块的端子各数据采集时，关闭起动开关后，断开或使用探针检测各端子的电压值或电阻值。根据表 1-1-2 和表 1-1-3 的测试条件及测量值参考，判断是否存在故障。图 1-1-6 所示为智能钥匙模块 KG25（A）插接件。图 1-1-7 所示为智能钥匙模块 KG25（B）插接件。

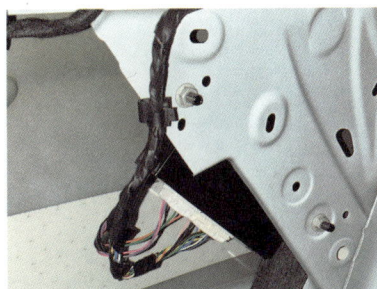

图 1-1-5　智能钥匙模块安装位置

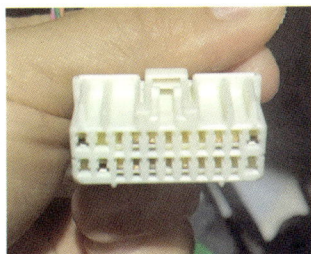

图 1-1-6　智能钥匙模块 KG25（A）插接件

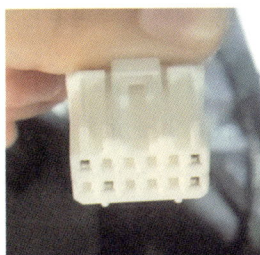

图 1-1-7　智能钥匙模块 KG25（B）插接件

在对智能钥匙模块进行端子测试时，可以根据表 1-1-2 和表 1-1-3 的测试条件及测量值参考，根据对应的数值判断 KG25（A）和 KG25（B）是否存在故障。

表 1-1-2　智能钥匙模块 KG25（A）端子测试条件及测量值参考

端 子 号	线束线色	端子描述	测试条件	正 常 值
KG25（A）-1	G/Y	辅助蓄电池正极	始终	11~14V
KG25（A）-9	B	车身地	始终	小于1Ω
KG25（A）-10	B	车身地	始终	小于1Ω

表 1-1-3　智能钥匙模块 KG25（B）端子测试条件及测量值参考

端 子 号	线束线色	端子描述	测试条件	正 常 值
KG25（B）-1	W/L	车门把手开关（左前门）	按下左前门微动开关	小于1Ω
KG25（B）-2	G/R	车门把手开关（右前门）	按下右前门微动开关	小于1Ω
KG25（B）-3	B/R	后背门微动开关 PKE-SRR1	按下车后微动开关	小于1Ω
KG25（B）-6	V	CAN-L 起动子网	始终	约 2.5V
KG25（B）-12	P	CAN-H 起动子网	始终	约 2.5V

使用万用表电阻档，在按下一键起动开关时，测量 G16-6 和 G16-8 与 GND 之间的电阻，标准值为0Ω。图 1-1-8 所示为 G16 端子示意图。

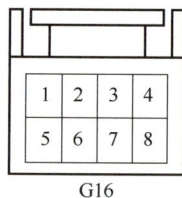

图 1-1-8　G16 端子示意图

工作计划

按照前面所了解的知识内容和小组内部讨论的结果，制订工作方案，包括资料查阅渠道的落实、任务实施任务中的内容分工等，完成表 1-1-4。

表 1-1-4　工作方案表

步骤	工作内容	负责人
1		
2		
3		
4		
5		

进行决策

1）各组派代表阐述资料查询结果。

2）各组就各自的查询结果进行交流，并分享技巧。

3）教师结合各组完成的情况进行点评，并选出最佳方案。

任务实施

一、任务准备

1. 设备及工具准备

设备及工具准备见表 1-1-5。

表 1-1-5　设备及工具准备

序　号	设备及工具名称	数　量
1	万用表	1 台
2	绝缘防护套装	1 套
3	绝缘工具套装	1 套
4	常规工具套装	1 套
5	比亚迪秦 EV 整车	1 辆

2. 场地准备

1）任务实施前，需要做好场地防护准备，检查实训场地和设备设施是否存在安全隐患，如发现不正常的地方，需及时报告老师或实验员进行处理后，方可实施任务。

2）本实训任务用到实车，任务实施前需要在车辆周围设置隔离带，并摆上安全提示牌。

3. 安全防护准备

1）检测各个设备以及所需要器材是否完好。

2）涉及高压安全操作，务必做好安全防护准备。

4. 其他辅助准备

汽车维修手册、教材、实训工作页、笔。

二、实施步骤

智能钥匙模块的检查步骤如下：

1）使用万用表电阻档，在按下一键起动开关时，测量 G16-6 和 G16-8 与 GND 之间的电阻，标准值为 0Ω。图 1-1-4 所示为一键起动开关电气原理图，操作时可以参考。

2）使用万用表电阻档分别测量 G2K-2 与 KG25（B）-6 和 G2K-3 与 KG25（B）-12 之间的电阻，标准值为 0Ω。图 1-1-9 所示为起动子网电气原理图，操作时可以参考。

3）使用万用表电阻档测量智能钥匙模块端的 KG25（B）-6 与 KG25（B）-12 之间的电阻，标准值为 120Ω。若智能钥匙模块的终端电阻异常，则需要更换智能钥匙模块。

评价反馈

1）各组代表展示汇报 PPT，介绍任务的完成过程。

2）以小组为单位，请对各组的操作过程与操作结果进行自评和互评，并将结果填入表 1-1-6 中。

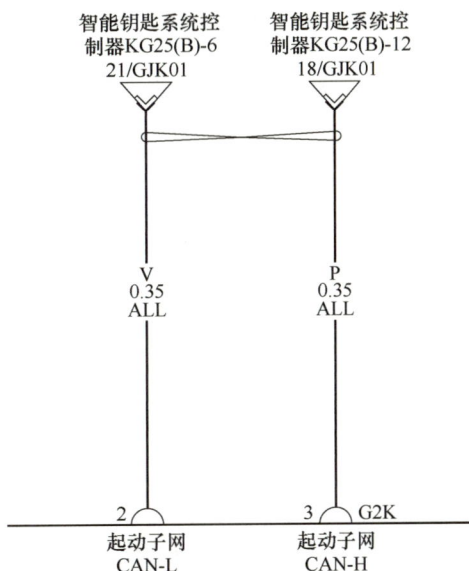

图 1-1-9　起动子网电气原理图

表 1-1-6　学生评价表

姓名			学号			班级			组别				
实训任务													
评价项目	分值	等　级				评价对象（组别）							
		A	B	C	D	1	2	3	4	5	6	7	8
方案合理	20	20	15	10	5								
团队合作	20	20	15	10	5								
工作质量	20	20	15	10	5								
工作规范	20	20	15	10	5								
汇报展示	20	20	15	10	5								
合计	100	各组得分											
总结与反思													

（如：学习过程中遇到什么问题→如何解决的 / 解决不了的原因→心得体会）

3）教师对学生工作过程与工作结果进行评价，并将评价结果填入表 1-1-7 中。

表 1-1-7　教师对学生评价表

姓名			学号		班级		组别	
	实训任务							
	评价项目		评价标准				分值	得分
	考勤（10%）		无迟到、早退和旷课的现象				10	
工作过程（60%）	知识目标	获取信息	掌握工作相关知识				10	
		进行决策	制订工作方案，方案合理可行				10	
	技能目标	任务实施	能够按照要求做好设备及工具准备 正确进行场地准备 做好安全防护准备和其他防护准备				5	
			理解实训操作顺序 能够按照正确的步骤进行操作				5	
			能够根据实训操作 做好完善的记录				5	
			正确完成全部实训操作 按要求进行 6S 整理				5	
	素养目标	工作态度	认真严谨、积极主动 安全生产、文明施工				5	
		团队合作	与小组成员、同学之间能合作交流，友好协调工作				5	
		工作质量	能按照工作方案操作 按计划完成工作任务				10	

（续）

评价项目		评价标准	分值	得分
项目成果 （30%）	工作完整	能按时完成工作任务的所有环节	10	
	工作规范	能在整个操作过程中规范操作，避免意外事故的发生	10	
	汇报展示	能准确表达和汇报工作成果	10	
合计			100	

综合评价	学生评价（50%）	教师评价（50%）	综合得分

综合评语	（作业过程中存在的问题及改进建议）

任务二　起动系统故障诊断与维修

🎯 任务目标

知识目标

1. 掌握新能源汽车起动系统故障的分析方法。
2. 掌握新能源汽车起动系统故障的诊断流程。
3. 掌握集成式车身控制器的功能和安装位置。

技能目标

1. 具备通过起动系统的知识进行故障的诊断以及故障排查的能力。
2. 具备从多途径的信息源中检索专业知识的能力。

素养目标

1. 认真严谨、积极主动，安全生产、文明施工。
2. 与小组成员、同学之间能合作交流，协调工作。
3. 获得分析问题和解决问题的基本方法。
4. 积极主动与小组成员交流、讨论学习成果，取长补短，完成自我提升。

任务框图

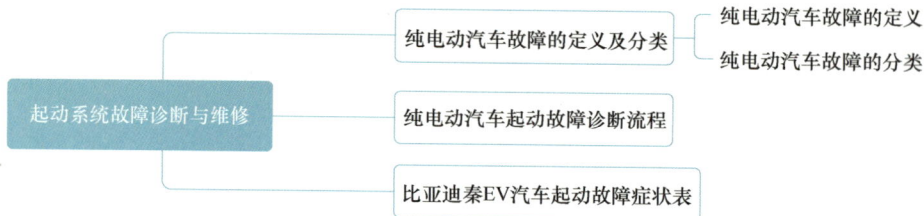

起动系统故障诊断与维修
- 纯电动汽车故障的定义及分类
  - 纯电动汽车故障的定义
  - 纯电动汽车故障的分类
- 纯电动汽车起动故障诊断流程
- 比亚迪秦EV汽车起动故障症状表

任务导入

　　一位客户的比亚迪秦 EV 汽车起动系统出现了故障，故障现象主要表现为：按下遥控钥匙解锁车辆，车辆无反应，使用机械钥匙进入车内，踩下制动踏板，同时按一键起动开关，"未检测到钥匙，请将钥匙靠近射频读卡器后起动车辆"。如果你是 4S 店的一名维修技术人员，该如何进行上述故障的排除呢？

任务分组

学生任务分配表见表 1-2-1。

表 1-2-1　学生任务分配表

班　级			组　号			指导老师	
组　长			学　号				
组　员	姓名：_____	学号：_____			姓名：_____	学号：_____	
	姓名：_____	学号：_____			姓名：_____	学号：_____	
	姓名：_____	学号：_____			姓名：_____	学号：_____	
	姓名：_____	学号：_____			姓名：_____	学号：_____	
任 务 分 工							

（就组织讨论、工具准备、数据采集、数据记录、安全监督、成果展示等工作内容进行任务分工）

获取信息

❓ **引导问题 1**：我们都知道起动系统是汽车中使用频率极高的一个重要系统，当起动系统出现故障时，一般情况下是怎么进行故障分析和处理的呢？请你查阅相关资料，并进行简单阐述。

_____

_____

🔧 **竞赛指南**

　　在 2022 年全国职业院校技能大赛汽车技术赛项里的新能源汽车故障诊断与排除模块中，就要求参赛队以小组作业的方式，对新能源整车常见的低压电源系统、高压控制系统、车身电气系统等故障进行诊断与排除，依据维修手册的规范完成作业流程，发现和确认故障点，并根据现场裁判的要求排除故障，完整填写《新能源汽车故障诊断与排除作业记录表》。

💡 知识点提示

一、纯电动汽车故障的定义及分类

1. 纯电动汽车故障的定义

　　纯电动汽车故障是指纯电动汽车系统（高、低压系统）、充电系统、零部件或整体丧失规定功能的现象。

2. 纯电动汽车故障的分类

　　按故障对汽车性能影响的严重程度及关联性分为以下四类：

　　1）致命故障，指危及行车安全，导致伤亡、造成主要总成报废和重大经济损失或严重危害周围环境的故障。

　　2）严重故障，指影响行驶安全导致主要零部件、总成严重损坏，或性能显著下降，且不能用易换备件和随车工具在短时间（约 30min）内排除的故障。

　　3）一般故障，指引起汽车停驶和性能下降，但一般不导致零部件和总成的损坏，并可用更换易损件和随车工具在短时间（约 30min）内排除的故障。

　　4）轻微故障，一般不导致汽车停驶和性能下降，不需更换零件，用随车工具能轻易（约 5min）排除。

　　图 1-2-1 所示为比亚迪 15 款秦 DM 动力系统故障。

　　OBD 系统（车载自动诊断系统）在汽车运行过程中实时监测发动机电控系统、高压系统及车辆其他功能模块的工作状况，如发现汽车的工况异常，则根据特定的

图 1-2-1　比亚迪 15 款秦 DM 动力系统故障

算法判断出具体的故障，并以诊断故障码 DTC（Diagnostic Trouble Codes）的形式存储在系统内的存储器上。图 1-2-2 所示为比亚迪车型故障诊断所用设备。

❓ **引导问题 2**：当起动系统出现故障时，该如何进行故障诊断流程的操作呢？请你查阅相关资料，并进行简单的阐述。

_____

_____

知识点提示

二、纯电动汽车起动故障诊断流程

当纯电动汽车发生起动故障时，可以根据起动故障维修流程进行维修，如图 1-2-3 所示。在车辆送入维修车间后，根据客户故障描述，服务经理进行症状的检查。首先检查蓄电池电压是否正常，如果不正常，需要进行蓄电池的更换。若正常，则进一步连接故障诊断仪检查 DTC 是否正常。DTC 若不正常，根据故障症状进行检查排除故障；DTC 若正常，则根据 DTC 总体分析和故障排除，最后根据实际需要进行部件的调整、维修或更换。

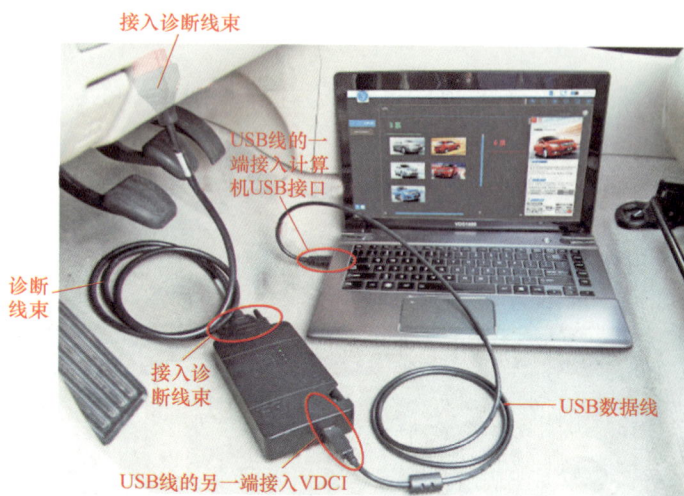

图 1-2-2　比亚迪车型故障诊断所用设备

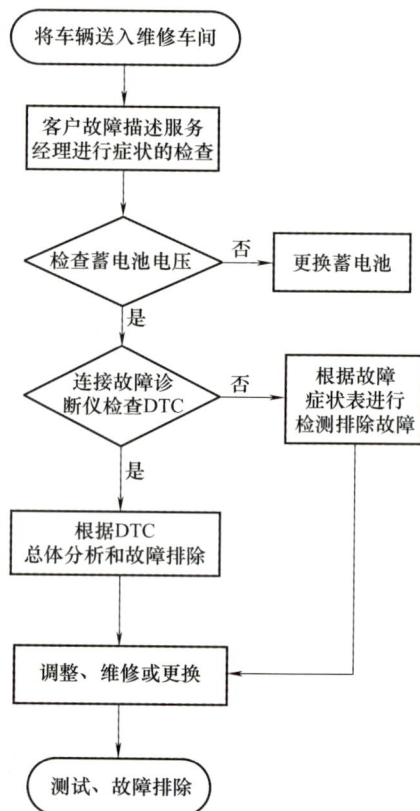

图 1-2-3　纯电动汽车起动故障流程图

❓ 引导问题 3：起动系统出现故障时，可以根据不同的症状进行分析，进而得出可能出现故障的部位。请你查阅相关资料，不同故障症状对应的可能出现故障的部位会是哪些？

_____

_____

知识点提示

三、比亚迪秦EV汽车起动故障症状表

可以根据秦 EV 汽车起动故障的症状，分析不同症状对应可疑部位。如对电子智能钥匙遥

控功能不工作或车内天线无法识别钥匙等故障症状，进行可能存在故障部位的分析，具体参考见表 1-2-2。

表 1-2-2　比亚迪秦 EV 汽车起动故障症状表

故 障 症 状	可 疑 部 位
电子智能钥匙的所有遥控功能不工作（持有合法钥匙，且在遥控区域内）	电子智能钥匙 BCM 线束或插接器
遥控功能正常，但操作左前门微动开关无动作（持有合法钥匙，且在探测区域内）	左前门把手微动开关 左前门把手探测天线 BCM 线束或插接器
遥控功能正常，但操作右前门微动开关无动作（持有合法钥匙，且在探测区域内）	右前门把手微动开关 右前门把手探测天线 BCM 线束或插接器
遥控功能正常，但操作车后微动开关无动作（持有合法钥匙，且在探测区域内）	车后微动开关 车后探测天线 BCM 线束或插接器
车内探测天线无法识别钥匙（持有合法钥匙，且在探测区域内）	车内探测天线（前、中、后） BCM 线束或插接器
无电模式下起动，不能正常工作	起动按钮 智能钥匙 线束或插接器

根据 DTC 故障码以及其故障描述，可以判断出可能出现故障的大致范围，具体见表 1-2-3。

表 1-2-3　DTC 故障对照表

DTC	故 障 描 述	故 障 范 围
B229D-16	高频接收器模块供电电压过低	BCM 线束或插接器
B229D-17	高频接收器模块供电电压过高	BCM 线束或插接器
B2298-96	读卡器模块内部天线故障	车内多功能（前部）探测天线
B227C13	车内前部探测天线开路	车内前部探测天线 线束或插接器
B227D13	车内中部探测天线开路	车内中部探测天线 线束或插接器
B227E13	车内后部探测天线开路	车内后部探测天线 线束或插接器
B22A713	车外左前探测天线开路	车外左前探测天线 线束或插接器 BCM
B22A613	车外右前探测天线开路	车外右前探测天线 线束或插接器

（续）

DTC	故障描述	故障范围
B22A813	车外行李舱探测天线开路	车外行李舱探测天线 线束或插接器
B22A016	低频天线驱动供电电压过低	低频天线 线束或插接器
B22A017	低频天线驱动供电电压过高	低频天线 线束或插接器
B227B00	转向轴锁不匹配	未匹配
B22AB00	ECM 不匹配	ECM/ 整车控制器 未匹配

工作计划

　　按照前面所了解的知识内容和小组内部讨论的结果，制订工作方案，包括资料查阅渠道的落实、任务实施任务中的内容分工等，完成表 1-2-4。

表 1-2-4　工作方案表

步骤	工 作 内 容	负责人
1		
2		
3		
4		
5		

进行决策

　　1）各组派代表阐述资料查询结果。

　　2）各组就各自的查询结果进行交流，并分享技巧。

　　3）教师结合各组完成的情况进行点评，并选出最佳方案。

任务实施

一、任务准备

车辆起动系统故障排除

1. 设备及工具准备

设备及工具准备见表 1-2-5。

表 1-2-5　设备及工具准备

序　号	设备及工具名称	数　量
1	万用表	1 台
2	绝缘防护套装	1 套
3	绝缘工具套装	1 套
4	常规工具套装	1 套
5	比亚迪秦 EV 整车	1 辆

2. 场地准备

1）任务实施前，需要做好场地防护准备，检查实训场地和设备设施是否存在安全隐患，如发现不正常的地方，需及时报告老师或实验员进行处理后，方可实施任务。

2）本实训任务用到实车，任务实施前需要在车辆周围围上隔离带，并摆上安全提示牌。

3. 安全防护准备

1）检测各个设备以及所需要器材是否完好。

2）涉及高压安全操作，务必做好充分防护操作。

4. 其他辅助准备

汽车维修手册、教材、实训工作页、笔。

二、实施步骤

比亚迪秦 EV 汽车起动故障现象及排除步骤如下：

故障现象：按下遥控钥匙解锁车辆，车辆无反应，使用机械钥匙进入车内，踩下制动踏板，同时按一键起动开关，车辆仪表显示"未检测到钥匙，请将钥匙靠近射频读卡器后起动车辆"，如图 1-2-4 所示。

图 1-2-4　比亚迪秦 EV 汽车仪表故障现象

可能故障原因：电子智能钥匙故障、智能钥匙模块故障、智能钥匙模块供电故障。

故障排除：使用机械钥匙进入车辆，若电子智能钥匙内的电池电压低，可以通过应急来起动车辆。只需要将智能钥匙靠近一键起动开关，便可排除智能钥匙电池故障；或拆开智能钥匙，使用万用表测量电池的电压，正常值为 3V 左右，如图 1-2-5 所示。

图 1-2-5　用万用表测试智能钥匙电池电压

1）连接故障诊断仪，单击智能钥匙模块，发现无法进入该系统，如图 1-2-6 和图 1-2-7 所示。

2）查询智能钥匙系统控制器电气原理图（图 1-2-8），测量 KG25（A）-1 与 GND 之间的电压，异常，（正常值为 11~14V ）。

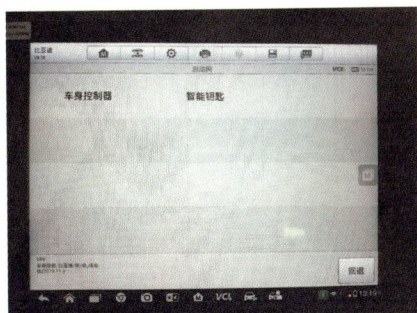

图 1-2-6　连接故障诊断仪，单击"智能钥匙"

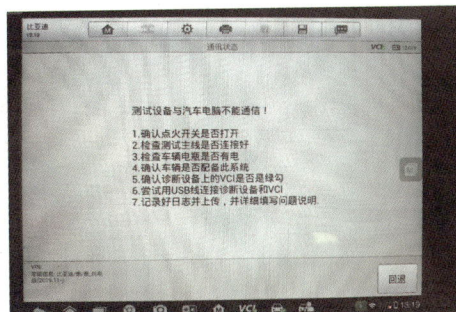

图 1-2-7　智能钥匙模块无法进入

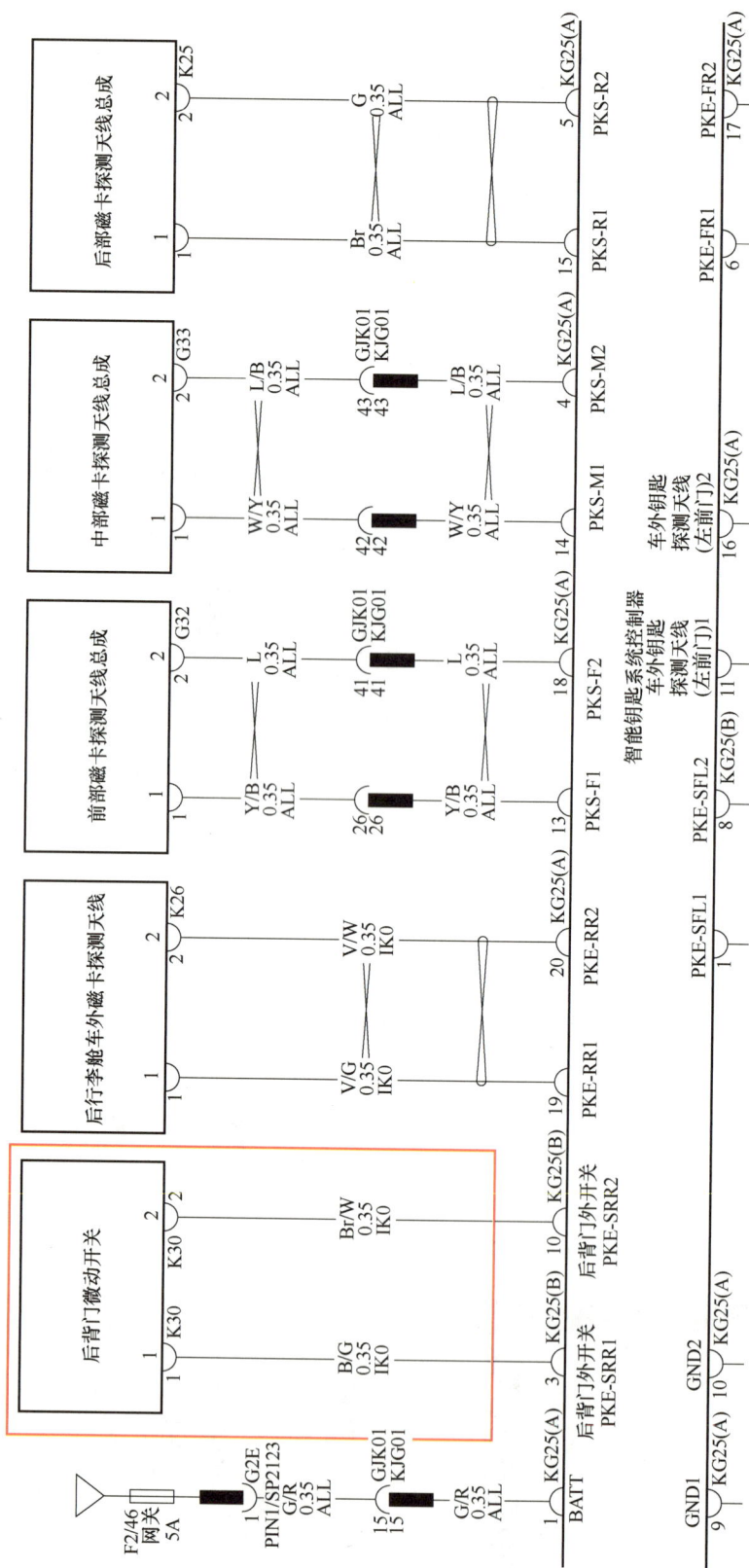

图 1-2-8　智能钥匙系统控制器电气原理图

3）断开仪表板配电盒 G2E 插接器，断开智能钥匙模块 KG25（A）插接件，测量线束端的电阻值。测量结果对照表 1-2-6。

4）用万用表检查 F2/46 熔丝，异常。将智能钥匙控制电路安装完好，使用万用表电阻档测量 F2/46 的上游端对 GND 的电阻值，F2/46 的下游端对 GND 的电阻值，显示值为 ∞，正常。

5）更换熔丝插片，恢复电路，故障排除，如图 1-2-9 所示。

图 1-2-9　比亚迪秦 EV 汽车正常上电

表 1-2-6　KG25（A）-G2E 的线束各端子测量结果

端 子 号	线 色	条 件	正常值 /Ω
G2E-1-KG25（A）-1	R	始终	小于 1
KG25（A）-9- 车身地	B	始终	小于 1
KG25（A）-10- 车身地	B	始终	小于 1

评价反馈

1）各组代表展示汇报 PPT，介绍任务的完成过程。

2）以小组为单位，请对各组的操作过程与操作结果进行自评和互评，并将结果填入表 1-2-7 中。

表 1-2-7　学生评价表

姓名		学号		班级		组别						
实 训 任 务												
评价项目	分值	等 级				评价对象（组别）						
		A	B	C	D	1	2	3	4	5	6	7	8
方案合理	20	20	15	10	5								
团队合作	20	20	15	10	5								
工作质量	20	20	15	10	5								
工作规范	20	20	15	10	5								
汇报展示	20	20	15	10	5								
合计	100	各组得分											
总结与反思													

（如：学习过程中遇到什么问题→如何解决的 / 解决不了的原因→心得体会）

3）教师对学生工作过程与工作结果进行评价，并将评价结果填入表 1-2-8 中。

表 1-2-8　教师对学生评价表

姓名			学号		班级		组别	
实训任务								
评价项目			评价标准				分值	得分
考勤（10%）			无迟到、早退和旷课的现象				10	
工作过程（60%）	知识目标	获取信息	掌握工作相关知识				10	
		进行决策	制订工作方案，方案合理可行				10	
	技能目标	任务实施	能够按照要求做好设备及工具准备 正确进行场地准备 做好安全防护准备和其他防护准备				5	
			理解实训操作顺序 能够按照正确的步骤进行操作				5	
			能够根据实训操作 做好完善的记录				5	
			正确完成全部实训操作 按要求进行 6S 整理				5	
	素养目标	工作态度	认真严谨、积极主动 安全生产、文明施工				5	
		团队合作	与小组成员和同学之间能合作交流，友好协调工作				5	
		工作质量	能按照工作方案操作 按计划完成工作任务				10	
项目成果（30%）		工作完整	能按时完成工作任务的所有环节				10	
		工作规范	能在整个操作过程中规范操作，避免意外事故的发生				10	
		汇报展示	能准确表达和汇报工作成果				10	
合计							100	
综合评价		学生评价（50%）		教师评价（50%）			综合得分	
综合评语		（作业过程中存在的问题及改进建议）						

💬 **情智课堂**

奋楫笃行，弯道超车

新能源汽车的发展，为我国汽车工业提供了"弯道超车"的机会：新能源汽车作为新生事物，在发展之初，我国的汽车自主品牌和国外汽车厂商处于同一起跑线，但是他们对于发展电动车积极性不够，而我国汽车自主品牌对于新能源汽车有着更强的积极性和探索动力。

新能源汽车的优势还得益于我国稀土储量高与开采加工成本低，无论是制造动力蓄电池还是电机，我国均有原材料方面的优势，新能源汽车的结构较传统燃油汽车也更加灵活。因此，在种种优势和国家政策补贴的支持下，我国的新能源汽车产业蓬勃发展。

以新能源汽车的"三电"为例：比亚迪在 2020 年发布了"刀片电池"，这款电池采用磷酸铁锂技术，通过结构创新，在成组时可以跳过"模组"，大幅提高了体积利用率，能够在同样的空间内装入更多电芯，这款刀片电池通过了电池安全测试领域的"珠穆朗玛峰"——针刺测试；在电机领域，国内永磁同步电机技术相当成熟，高铁用永磁同步电机已达世界先进水平，且我国已在高性能导磁硅钢、高性能永磁材料以及电机位置转速传感器等方面取得了重大突破，整体技术水平已处于世界前列；在电控领域，我国已能自产车规级 MCU。可以说，借助先发优势与政策补贴，我国新能源汽车工业已达世界先进水平。

中汽协数据显示，我国已有 10 家左右的新能源车企向欧洲国家出口新能源汽车，且我国新能源汽车在欧洲市场的销量已占到欧洲新能源汽车总销量的 10% 左右。2021 年我国汽车出口数量首次突破 200 万辆，总量达到 201.5 万辆，其中新能源汽车就有 31 万辆；2022 年我国汽车出口总量 311 万辆，其中新能源汽车 67.9 万辆，涨势喜人。

新能源汽车产业是我国从汽车大国迈向汽车强国的必由之路，是高速发展的战略性新兴产业，希望同学们能学习前人"奋楫笃行、弯道超车"的精神，为新能源汽车产业的发展贡献一份力量，并在此过程中实现自我价值。

项目二
新能源汽车门锁与车窗检修

任务一　中控锁控制原理认知

🎯 任务目标

知识目标

1. 掌握新能源汽车中控锁系统的概念。
2. 掌握新能源汽车中控锁控制原理。
3. 掌握中控锁基本检查方法。

技能目标

1. 具备从多途径的信息源中检索专业知识的能力。
2. 具备中控锁相关端子检测的能力。

素养目标

1. 认真严谨、积极主动，安全生产、文明施工。
2. 与小组成员、同学之间能合作交流，协调工作。
3. 获得分析问题和解决问题的基本方法。
4. 积极主动与小组成员交流、讨论学习成果，取长补短，完成自我提升。

⚓ 任务框图

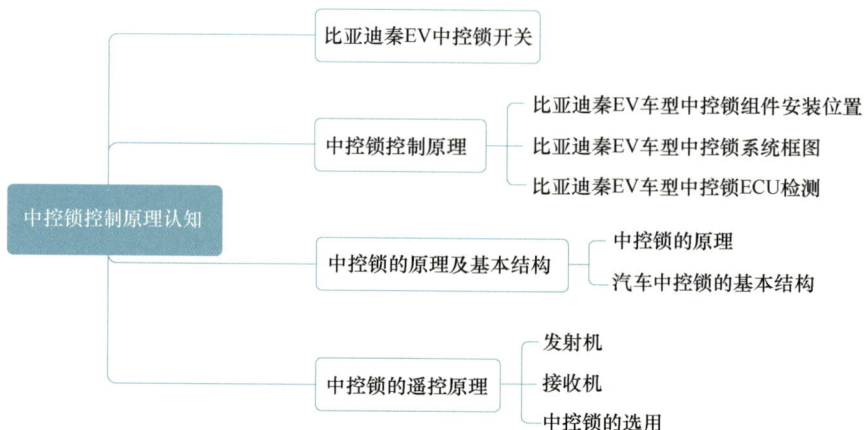

📥 任务导入

　　中控锁全称是中央控制门锁，是一种汽车的配件，使用该锁可不用把钥匙键插入锁孔中就可以远距离开门和锁门，其由门锁开关、执行机构和控制器构成。如果你是一名汽车维修人员，能说说中控锁的控制原理吗？

👥 任务分组

学生任务分配表见表 2-1-1。

表 2-1-1　学生任务分配表

班　　级		组　　号		指导老师	
组　　长		学　　号			
组　员	姓名： _____　学号： _____ 姓名： _____　学号： _____ 姓名： _____　学号： _____ 姓名： _____　学号： _____		姓名： _____　学号： _____ 姓名： _____　学号： _____ 姓名： _____　学号： _____ 姓名： _____　学号： _____		
任 务 分 工					

（就组织讨论、工具准备、数据采集、数据记录、安全监督、成果展示等工作内容进行任务分工）

🌐 获取信息

　　❓ 引导问题 1：新能源汽车比亚迪秦 EV 的中控锁开关具有什么特点？请你查阅相关资料，并写在下面的横线上。

_____

_____

💡 知识点提示

一、比亚迪秦EV中控锁开关

　　20 款比亚迪秦 EV 车型的中控锁开关安装在驾驶人侧车门及前排乘员侧车门处。这两个开关都可以将所有的车门闭锁或解锁。如图 2-1-1 所示，"1"表示中控锁闭锁，按下此键，四门门锁同时闭锁；"2"表示中控锁解锁，按下此键，四门门锁同时解锁。

　　比亚迪秦 EV 车型中控锁的主要特点表现在以下几方面：当车速超过约 20km/h 时，所有车门将自动落锁；关闭车辆起动开

图 2-1-1　20 款比亚迪秦 EV 中控锁开关

关后或车辆挂入 P 位后，所有车门自动解锁；车辆遭受强烈撞击时，所有车门将自动解锁；是否自动解锁根据具体撞击力度和事故类型而定。它的功能可以进行中央控制、速度控制和单独控制。具体地说，就是当驾驶人锁住其身边的车门时，其他车门也同时锁住，驾驶人可通过门锁开关同时打开各个车门，也可单独打开某个车门；当行车速度达到一定时，各个车门能自行锁上，防止乘员误操作车门把手而导致车门打开；除在驾驶人身边车门以外，还在其他门设置单独的弹簧锁开关，可独立地控制一个车门的打开和锁住。

❓ 引导问题 2：你知道中控锁的控制原理是什么吗？请你查阅相关资料，并写在下面的横线上。

_____

_____

职业认证　　　智能新能源汽车职业技能等级要求中的车身附件诊断分析任务就涉及诊断电动门锁和背门／行李舱锁不工作、工作不良或间歇工作的故障，通过智能新能源汽车职业技能等级考核可获得教育部 1+X 证书中的《智能新能源汽车职业技能等级证书》。

💡 知识点提示

二、中控锁控制原理

1. 比亚迪秦 EV 车型中控锁组件安装位置

比亚迪秦 EV 车型中，配有中控锁，其中控锁组件安装的部位有左前门锁、右前门锁、右后门锁、左后门锁、行李舱门锁，具体位置如图 2-1-2 所示。

图 2-1-2　比亚迪秦 EV 车型中控锁组件安装位置

2. 比亚迪秦 EV 车型中控锁系统框图

比亚迪秦 EV 车型的中控锁系统是由车身集成控制模块（BCM）控制电动门锁解锁／闭锁的系统，其操作方式分为以下三种：

1）按下左前玻璃升降器开关组上的门锁总开关发送解锁／闭锁请求信号给 BCM，BCM 接收并处理开关信号，驱动相应的门锁电机解锁／闭锁。

2）按下微动开关发送解锁/闭锁请求信号给BCM，BCM接收并处理开关信号，驱动相应的门锁电机解锁/闭锁。

3）遥控钥匙解闭锁，智能钥匙模块发送解闭锁信号给BCM接收信号并驱动相应的门锁电机解锁/闭锁。图2-1-3所示为比亚迪秦EV车型中控锁系统框图，可以看到BCM控制着左前门锁电机、右前门锁电机、左后门锁电机、右后门锁电机以及后背门锁电机，它们的控制方式是类同的。

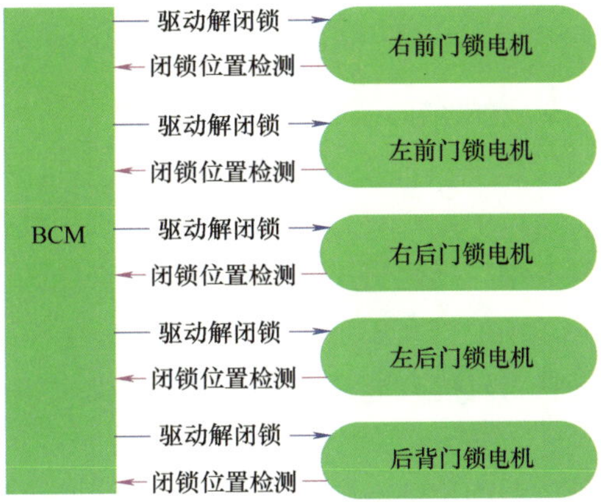

3. 比亚迪秦EV车型中控锁ECU检测

在进行比亚迪秦EV车型中控锁ECU检测时，需要从BCM K2G、G2E、G2H后端引线，检测各端子的电压或电阻，判断数值是否正常，具体测量结果对照表2-1-2。

图2-1-3　比亚迪秦EV车型中控锁系统框图

表2-1-2　与中控锁相关的端子正常值对照表

端子号	端子描述	条件	正常值/V
G2E-26-车身地	左前门锁电机开锁驱动	左前门解锁瞬间	11~14
G2E-34-车身地	左前门锁电机闭锁驱动	左前门闭锁瞬间	11~14
G2H-19-车身地	左前门门锁位置反馈	左前门门锁开锁	小于1
G2E-33-车身地	右前门锁电机开锁驱动	右前门解锁瞬间	11~14
G2E-35-车身地	右前门锁电机闭锁驱动	右前门闭锁瞬间	11~14
G2H-20-车身地	右前门门锁位置反馈	右前门门锁开锁	小于1
K2G-6-车身地	左后门锁电机开锁驱动	左后门锁解锁瞬间	11~14
K2G-8-车身地	左后门锁电机闭锁驱动	左后门锁闭锁瞬间	1~14
G2J-9-车身地	左后门门锁位置反馈	左后门门锁开锁	小于1
K2G-7-车身地	右后门锁电机开锁驱动	右后门解锁瞬间	11~14
K2G-9-车身地	右后门锁电机闭锁驱动	右后门闭锁瞬间	11~14
G2J-10-车身地	右后门门锁位置反馈	右后门门锁开锁	小于1
K2G-10-车身地	后背门锁解锁驱动	后背门解锁瞬间	11~14

❓ 引导问题3：请你根据对中控锁控制原理的学习，想一想中控锁的基本结构都有哪些？请你查阅相关资料，并写在下面的横线上。

_____

_____

💡 知识点提示

三、中控锁的原理及基本结构

1. 中控锁的原理

中控锁内部是一个线圈驱动或电机驱动机构，改变线圈或电动电流的流向控制开锁或闭锁，所以中控锁只有两根引线，一根引线接电源的正极，另一根引线接电源的负极时，中控锁机构开锁，反之当正负极互换时则会闭锁。为了提高汽车使用的便利性和行车的安全性，如今越来越多的汽车安装中控锁。中控锁执行机构是用于执行驾驶人的指令，将门锁锁止或开启，门锁执行机构有电磁式、直流电动机式和永磁电动机式三种驱动方式。

2. 汽车中控锁的基本结构

汽车中控锁由门锁开关、门锁执行机构和门锁控制器组成。

（1）门锁开关　大多数中控锁的开关由总开关和分开关组成，总开关安装在驾驶人身旁的车门上，总开关可将全车所有车门锁住或打开；分开关安装在其他各车门上，可单独控制一个车门。

（2）门锁执行机构　门锁执行机构受门锁控制器的控制，执行门锁的锁定和开启任务。其主要有电磁式、直流电动机式和永磁电动机式三种结构。

（3）门锁控制器　门锁控制器为门锁执行机构提供锁/开脉冲电流的控制装置，具有控制执行机构通电电流方向的功能，同时为了缩短工作时间，具有定时的功能。按其控制原理大体可分为晶体管式、电容式和车速感应式三种。

1）晶体管式。晶体管式门锁控制器内部有两个继电器，一个控制锁门，另一个控制开门。继电器由晶体管开关电路控制，利用电容器的充放电过程控制一定的脉冲电流持续时间，使执行机构完成锁门和开门动作。

2）电容式。该门锁控制器利用电容器充放电的特性，平时电容器充足电，工作时把它接入控制电路，使电容器放电，使继电器通电而短时吸合，电容器完全放电后，通过继电器的电流中断而使其触点断开，门锁系统不再工作。

3）车速感应式。装有一个车速为 10km/h 的感应开关，当车速超过 10km/h 时，若车门未上锁，驾驶人不需动手，门锁控制器自动将门上锁。

> ❓ 引导问题 4：你知道中控锁是如何进行遥控的吗？遥控的原理是什么？请你查阅相关资料，并写在下面的横线上。
>
> _____
>
> _____

💡 知识点提示

四、中控锁的遥控原理

中控锁的无线遥控功能是指不用把钥匙键插入锁孔中就可以远距离开门和锁门，其最大优点是：不管白天或黑夜，无须探明锁孔，可以远距离、方便地进行开锁（开门）和闭锁（锁门）。遥控的基本原理是：从使用者身边发出微弱的电波，由汽车天线接收该电波信号，经电子控制器ECU识别信号代码，再由该系统的执行器（电动机或电磁线圈）执行启/闭锁的动作。该系统主要由发射机和接收机两部分组成。

1. 发射机

发射机由发射开关、发射天线（键板）和集成电路等组成。在键板上与信号发送电路组成一体。从识别代码存储回路到FSK调制回路，由于采用单芯片集成电路而使其小型化，在电路的相反一侧装有揿钮型的锂电池。发射频率按照使用国的电波频带进行选择，一般可使用27MHz、40MHz、62MHz频带。发射开关每按揿钮一次就进行一次信号发送。

2. 接收机

发射机利用FM调制发出识别代码，通过汽车的FM天线进行接收，并利用分配器进入接收机ECU的FM高频增幅处理器进行解调，与被解调节器的识别代码进行比较；如果是正确的代码，就输入控制电路并使执行器工作。门锁遥控系统通常由一个便携式发射机和一个车内接收机组成，从发射机发出的可识别信号由接收机接收并解码，驱动门锁打开或锁止，其主要作用是方便驾驶人锁门或开门。用户可以通过设置门锁遥控ECU的开锁密码实现对自己汽车的保护，并在出现非法打开车门时进行报警。

目前，许多系统大都采用无线电波或红外线作为识别信号的传授媒介，有持钥匙型和整体型两种。当中控锁接收到正确的代码信号，控制波接收电路就被触发至接收时间加0.5s，然后再恢复到待机状态。如输入的代码信号不符，将不能触发接收电路。若在10min内有多于10个代码信号输入不符，该锁就认为有人企图窃车，于是车辆停止接收任何信号，包括接收正确的代码信号，遇到这种情况必须由车主用钥匙机械地插入门锁孔才能开启车门。信号接收的恢复，通过钥匙点火起动以及把遥控门锁系统主开关关掉再打开即可，如果用遥控机构把车门开锁后30s内不开门，则车门将自动锁上。

3. 中控锁的选用

现在市面上的中控锁一般分为通用型和专用型，通用型的适用于大部分车型，而专用型的则按车型来分，例如桑塔纳专用型、捷达专用型、富康专用型等；按起动方式不同，可分为手动型和遥控型；按外形来分，可分为超短形、扁形和S形等。现在安装的中控锁一般为遥控型，配一个遥控钥匙，能随意控制四个车门和行李舱门的开关，十分方便，只需按一下遥控器就可以，任何轿车都可以安装中控锁，电压要求为12V，而用于卡车的中控锁则要求24V电压。目前，很多类型的中控锁都采用双轨道、防卡死等设计，让使用者用起来更加放心。

工作计划

按照前面所了解的知识内容和小组内部讨论的结果，制订工作方案，包括资料查阅渠道的落实、任务实施任务中的内容分工等，完成表2-1-3。

表2-1-3　工作方案表

步骤	工 作 内 容	负责人
1		
2		
3		
4		
5		

进行决策

1）各组派代表阐述资料查询结果。

2）各组就各自的查询结果进行交流，并分享技巧。

3）教师结合各组完成的情况进行点评，并选出最佳方案。

任务实施

一、任务准备

1. 设备及工具准备

设备及工具准备见表 2-1-4。

表 2-1-4   设备及工具准备

序　号	设备及工具名称	数　量
1	万用表	1 台
2	绝缘防护套装	1 套
3	绝缘工具套装	1 套
4	常规工具套装	1 套
5	比亚迪秦 EV 整车	1 辆

2. 场地准备

1）任务实施前，需要做好场地防护准备，检查实训场地和设备设施是否存在安全隐患，如发现不正常的地方，需及时报告老师或实验员进行处理后，方可实施任务。

2）本实训任务用到实车，任务实施前需要在车辆周围围上隔离带，并摆上安全提示牌。

3. 安全防护准备

1）检测各个设备以及所需要器材是否完好。

2）涉及高压安全操作，务必做好充分防护操作。

4. 其他辅助准备

汽车维修手册、教材、实训工作页、笔。

二、实施步骤

中控锁的相关端子检测如下：

当出现中控锁无法正常使用时，需要进行故障的排查，具体排查方法为对齐端子进行测量，找出数值异常的端子号进行进一步检查。根据下面的对照表，根据其对应条件进行测量，并把测量的对照值填入表 2-1-5 对应的位置中。

表 2-1-5   与中控锁相关的端子正常值对照表

端　子　号	端子描述	条　件	正常值 /V	实测值	是否正常
G2E-26- 车身地	左前门锁电机开锁驱动	左前门解锁瞬间	11~14		
G2E-34- 车身地	左前门锁电机闭锁驱动	左前门闭锁瞬间	11~14		
G2H-19- 车身地	左前门门锁位置反馈	左前门门锁开锁	小于 1		

姓名		班级		日期	

（续）

端 子 号	端 子 描 述	条 件	正常值 /V	实测值	是否正常
G2E-33- 车身地	右前门锁电机开锁驱动	右前门解锁瞬间	11~14		
G2E-35- 车身地	右前门锁电机闭锁驱动	右前门闭锁瞬间	11~14		
G2H-20- 车身地	右前门门锁位置反馈	右前门门锁开锁	小于 1		
K2G-6- 车身地	左后门锁电机开锁驱动	左后门锁解锁瞬间	11~14		
K2G-8- 车身地	左后门锁电机闭锁驱动	左后门锁闭锁瞬间	1~14		
G2J-9- 车身地	左后门门锁位置反馈	左后门门锁开锁	小于 1		
K2G-7- 车身地	右后门锁电机开锁驱动	右后门解锁瞬间	11~14		
K2G-9- 车身地	右后门锁电机闭锁驱动	右后门闭锁瞬间	11~14		
G2J-10- 车身地	右后门门锁位置反馈	右后门门锁开锁	小于 1		
K2G-10- 车身地	后背门锁解锁驱动	后背门解锁瞬间	11~14		

出现异常的端子号为：_____

具体故障原因为：_____

排除故障方法的分析：_____

评价反馈

1）各组代表展示汇报 PPT，介绍任务的完成过程。

2）以小组为单位，请对各组的操作过程与操作结果进行自评和互评，并将结果填入表 2-1-6 中。

表 2-1-6 学生评价表

姓名		学号			班级			组别		
实 训 任 务										
评价项目	分值	等 级				评价对象（组别）								
		A	B	C	D	1	2	3	4	5	6	7	8
方案合理	20	20	15	10	5								
团队合作	20	20	15	10	5								
工作质量	20	20	15	10	5								
工作规范	20	20	15	10	5								
汇报展示	20	20	15	10	5								
合计	100	各组得分												
总结与反思														

（如：学习过程中遇到什么问题→如何解决的 / 解决不了的原因→心得体会）

3）教师对学生工作过程与工作结果进行评价，并将评价结果填入表 2-1-7 中。

表 2-1-7　教师对学生评价表

姓名			学号		班级		组别	
实 训 任 务								
评 价 项 目			评 价 标 准				分值	得分
考勤（10%）			无迟到、早退和旷课的现象				10	
工作过程（60%）	知识目标	获取信息	掌握工作相关知识				10	
		进行决策	制订工作方案，方案合理可行				10	
	技能目标	任务实施	能够按照要求做好设备及工具准备 正确进行场地准备 做好安全防护准备和其他防护准备				5	
			理解实训操作顺序 能够按照正确的步骤进行操作				5	
			能够根据实训操作 做好完善的记录				5	
			正确完成全部实训操作 按要求进行 6S 整理				5	
	素养目标	工作态度	认真严谨、积极主动 安全生产、文明施工				5	
		团队合作	与小组成员和同学之间能合作交流，友好协调工作				5	
		工作质量	能按照工作方案操作 按计划完成工作任务				10	
项目成果（30%）	工作完整		能按时完成工作任务的所有环节				10	
	工作规范		能在整个操作过程中规范操作，避免意外事故的发生				10	
	汇报展示		能准确表达和汇报工作成果				10	
合计							100	
综合评价		学生评价（50%）		教师评价（50%）		综合得分		

（作业过程中存在的问题及改进建议）

综合评语

任务二 中控锁故障诊断与维修

🎯 任务目标

知识目标

1. 掌握新能源汽车中控锁故障的诊断方法。
2. 掌握比亚迪秦 EV 左前门门锁总开关故障的排查方法。
3. 掌握比亚迪秦 EV 左前门不能解锁、闭锁的故障排查方法。

技能目标

1. 具备从多途径的信息源中检索专业知识的能力。
2. 具备中控锁故障诊断检查和维修的能力。

素养目标

1. 认真严谨、积极主动,安全生产、文明施工。
2. 与小组成员、同学之间能合作交流,协调工作。
3. 获得分析问题和解决问题的基本方法。
4. 积极主动与小组成员交流、讨论学习成果,取长补短,完成自我提升。

🛫 任务框图

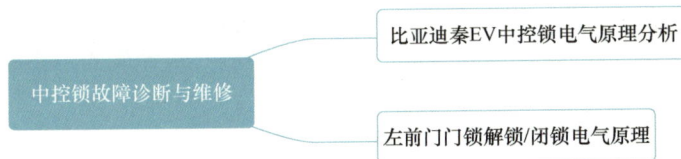

中控锁故障诊断与维修 —— 比亚迪秦EV中控锁电气原理分析

—— 左前门门锁解锁/闭锁电气原理

📥 任务导入

    小李购买了一辆 2020 款比亚迪秦 EV 汽车,使用了两年以后,出现了左前门门锁开关无法使用,按下去没有反应的现象。他不清楚是车辆哪个部件出了问题,所以把车辆开到 4S 店进行修理。

    请问,如果你是 4S 店的维修人员,你知道如何进行门锁故障的诊断和维修吗?

👥 任务分组

学生任务分配表见表 2-2-1。

表 2-2-1　学生任务分配表

班　　级		组　　号		指导老师	
组　　长		学　　号			
组　　员	姓名：_____ 学号：_____ 姓名：_____ 学号：_____ 姓名：_____ 学号：_____ 姓名：_____ 学号：_____ 姓名：_____ 学号：_____ 姓名：_____ 学号：_____ 姓名：_____ 学号：_____ 姓名：_____ 学号：_____				
任 务 分 工					

（就组织讨论、工具准备、数据采集、数据记录、安全监督、成果展示等工作内容进行任务分工）

获取信息

❓ 引导问题 1：如果一台比亚迪秦 EV 汽车左前门门锁总开关出现了故障，你知道如何进行故障检查与排除吗？请你查阅相关资料，并写在下面的横线上。

_____

_____

知识点提示

一、比亚迪秦EV中控锁电气原理分析

当车辆出现了与左前门锁有关的故障时，需要参照其对应的电气原理图进行分析排查，左前门门锁电气原理图如图 2-2-1 所示。按下中控锁闭锁按钮，内部开关闭合，G2H-16 电压值从高电位拉低为低电位。MICU 接收到闭锁信号后，通过信号线控制左前门锁电机正转，左前门闭锁。闭合内部开关，此时 G2H-17 电压值从高电位拉低为低电位。MICU 接收到开锁信号后，通过信号线控制左前门锁电机反转，左前门闭锁。

二、左前门门锁解锁/闭锁电气原理

左前门门锁解锁/闭锁电气原理图如图 2-2-2 所示。进行中控锁故障诊断时，可以参考电气原理图。拉开左前车门，开关 1 闭合，G2H-19 电压信号从高电位拉低为低电位，MICU 接收到车门开锁信号后，通过信号线传输到组合仪表，仪表车门状态为打开。关闭左前车门，开关 2 闭合，G2I-17 电压信号从高电位拉低为低电位，MICU 接收到车门闭锁信号后，通过信号线传输到组合仪表，仪表车门状态为关闭。

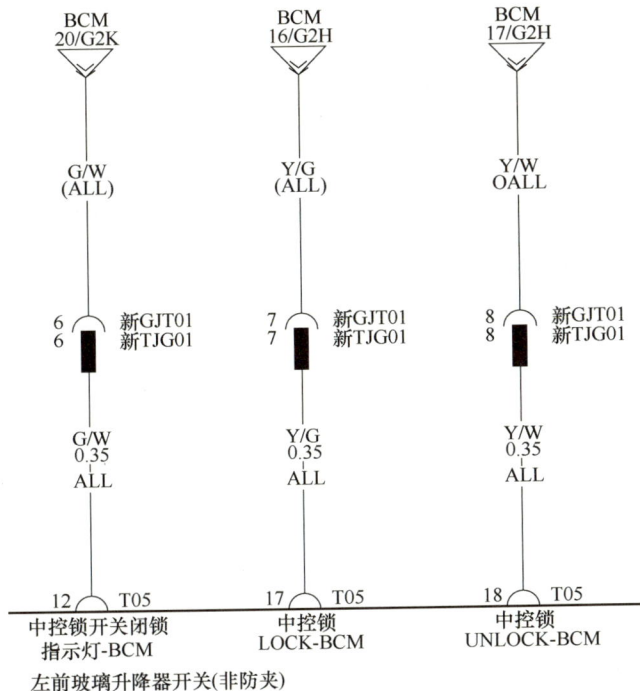

图 2-2-1　左前门门锁电气原理图

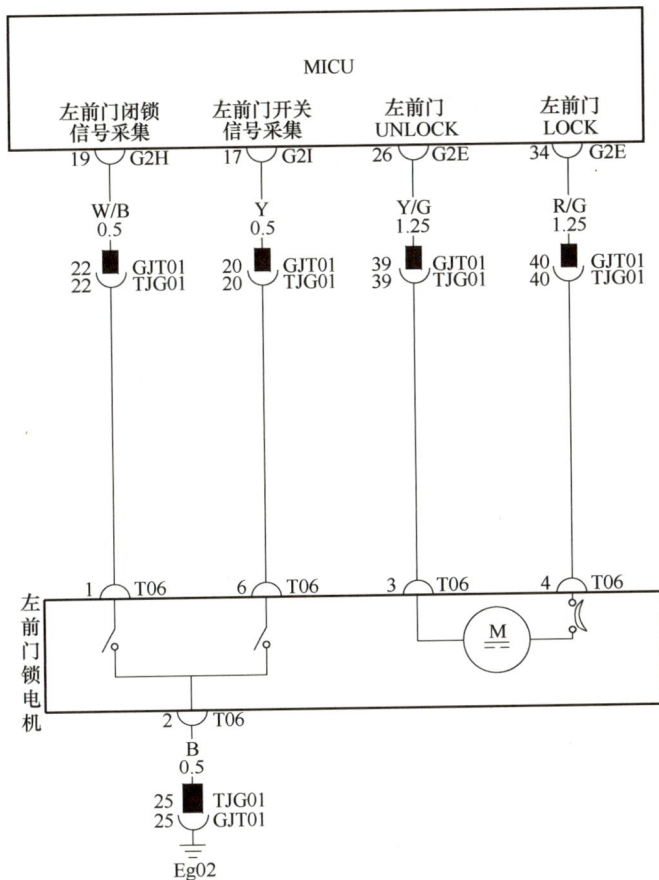

图 2-2-2　左前门门锁解锁 / 闭锁电气原理图

工作计划

　　按照前面所了解的知识内容和小组内部讨论的结果，制订工作方案，包括资料查阅渠道的落实、任务实施任务中的内容分工等，完成表 2-2-2。

表 2-2-2　工作方案表

步骤	工 作 内 容	负责人
1		
2		
3		
4		
5		

进行决策

　　1）各组派代表阐述资料查询结果。

　　2）各组就各自的查询结果进行交流，并分享技巧。

　　3）教师结合各组完成的情况进行点评，并选出最佳方案。

中控锁故障检修

任务实施

一、任务准备

1. 设备及工具准备

设备及工具准备见表 2-2-3。

表 2-2-3　设备及工具准备

序　号	设备及工具名称	数　量
1	万用表	1 台
2	绝缘防护套装	1 套
3	绝缘工具套装	1 套
4	常规工具套装	1 套
5	比亚迪秦 EV 整车	1 辆

2. 场地准备

1）任务实施前，需要做好场地防护准备，检查实训场地和设备设施是否存在安全隐患，如发现不正常的地方，需及时报告老师或实验员进行处理后，方可实施任务。

2）本实训任务用到实车，任务实施前需要在车辆周围围上隔离带，并摆上安全提示牌。

3. 安全防护准备

1）检测各个设备以及所需要器材是否完好。

2）涉及高压安全操作，务必做好充分防护操作。

4. 其他辅助准备

汽车维修手册、教材、实训工作页、笔。

二、实施步骤

1. 比亚迪秦 EV 左前门门锁总开关故障

1）连接故障诊断仪，清除 BCM 的故障码。

2）读取 BCM 是否还有故障码，见表 2-2-4。

表 2-2-4　BCM 故障码对应含义

故　障　码	含　　义
B224007	驾驶人侧门锁钥匙锁芯开关故障
B224107	驾驶人侧门锁总开关故障

3）是，更换左前门窗控制开关。

4）检查左前门窗控制开关 CAN 通信，断开左前门窗控制开关插接器 T05，检查线束端子对应的电压，检测结果对照表 2-2-5。

表 2-2-5　线束端子对应电压

端 子 号	线 色	正常值 /V
T05-17- 车身地	V	约 2.5
T05-18- 车身地	P	约 2.5

5）如果测得不是正常值，更换舒适 CAN 线束。

6）更换 BCM。

2. 比亚迪秦 EV 左前门不能解锁 / 闭锁

1）拆卸左前门门锁电机，给门锁电机通电，检查电机是否工作，见表 2-2-6。

表 2-2-6　门锁电机相关端子对照表

端 子 号	条 件	标 准 值
T06-3-T06-4	T06-3- 蓄电池（＋） T06-4- 蓄电池（－）	电机解锁
T06-3-T06-4	T06-4- 蓄电池（＋） T06-3- 蓄电池（－）	电机闭锁

2）门锁电机不工作，更换电机或维修门锁电机。

3）门锁电机正常工作，检查门锁电机线束。

4）断开左前门门锁电机 T06 端子，断开 BCM G2I、G2H、G2E 插接器，检查各线束端子的电阻值。表 2-2-7 所示为门锁电机 T06 端子对应电阻值。

表 2-2-7　门锁电机 T06 端子对应电阻值

端 子 号	线 色	正常值 /Ω
T06-3-G2E-26	Y/G	小于 1
T06-4-G2E-34	R/G	小于 1
T06-1-G2H-19	W/B	小于 1
T06-6-G2I-17	Y	小于 1
T06-2- 车身地	B	小于 1

5）若测量的结果与表 2-2-7 的数值不相符，则更换线束或插接件。

6）若测量的结果与表 2-2-7 的数值相符，则检查 BCM。

7）在 BCM G2EL 后端引线检测其各端子的数值，见表 2-2-8。

表 2-2-8　G2EL 后端引线检测其各端子的数值

端 子 号	条 件	正常值 /V
G2E-34- 车身地	门锁控制开关打到 LOCK	0 ~ 11~14
G2E-26- 车身地	门锁控制开关打到 UNLOCK	0 ~ 11~14

8）若测量结果数值与表 2-2-8 中数值不相符，则更换 BCM。

评价反馈

1）各组代表展示汇报 PPT，介绍任务的完成过程。

2）以小组为单位，请对各组的操作过程与操作结果进行自评和互评，并将结果填入表 2-2-9 中。

表 2-2-9　学生评价表

姓名		学号				班级			组别		
实训任务											
评价项目	分值	等级				评价对象（组别）					
		A	B	C	D	1	2	3	4	5	6	7	8
方案合理	20	20	15	10	5								
团队合作	20	20	15	10	5								
工作质量	20	20	15	10	5								
工作规范	20	20	15	10	5								
汇报展示	20	20	15	10	5								
合计	100	各组得分											
总结与反思													

（如：学习过程中遇到什么问题→如何解决的 / 解决不了的原因→心得体会）

3）教师对学生工作过程与工作结果进行评价，并将评价结果填入表 2-2-10 中。

表 2-2-10　教师对学生评价表

姓名			学号		班级		组别	
实训任务								
评价项目			评价标准				分值	得分
考勤（10%）			无迟到、早退和旷课的现象				10	
工作过程（60%）	知识目标	获取信息	掌握工作相关知识				10	
		进行决策	制订工作方案，方案合理可行				10	
	技能目标	任务实施	能够按照要求做好设备及工具准备 正确进行场地准备 做好安全防护准备和其他防护准备				5	
			理解实训操作顺序 能够按照正确的步骤进行操作				5	
			能够根据实训操作 做好完善的记录				5	
			正确完成全部实训操作 按要求进行 6S 整理				5	
	素养目标	工作态度	认真严谨、积极主动 安全生产、文明施工				5	
		团队合作	与小组成员和同学之间能合作交流，友好协调工作				5	
		工作质量	能按照工作方案操作 按计划完成工作任务				10	
项目成果（30%）		工作完整	能按时完成工作任务的所有环节				10	
		工作规范	能在整个操作过程中规范操作，避免意外事故的发生				10	
		汇报展示	能准确表达和汇报工作成果				10	
合计							100	
综合评价		学生评价（50%）		教师评价（50%）		综合得分		
综合评语		（作业过程中存在的问题及改进建议）						

任务三　电动车窗控制原理认知

🎯 任务目标

知识目标

1. 掌握窗控系统的基本组成及功能。
2. 熟悉窗控组件的安装位置。
3. 掌握窗控系统控制流程框图。

技能目标

1. 具备从多途径的信息源中检索专业知识的能力。
2. 具备控制窗控的按钮位置并进行各个车窗检查的能力。
3. 具备独立完成窗控系统的检查和简单的故障原因分析能力。

素养目标

1. 认真严谨、积极主动，安全生产、文明施工。
2. 与小组成员、同学之间能合作交流，协调工作。
3. 获得分析问题和解决问题的基本方法。
4. 积极主动与小组成员交流、讨论学习成果，取长补短，完成自我提升。

🛫 任务框图

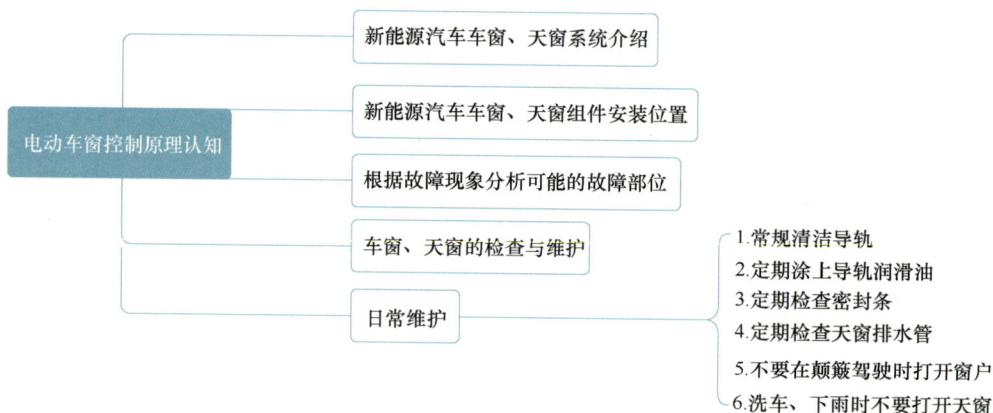

电动车窗控制原理认知
- 新能源汽车车窗、天窗系统介绍
- 新能源汽车车窗、天窗组件安装位置
- 根据故障现象分析可能的故障部位
- 车窗、天窗的检查与维护
- 日常维护
  1. 常规清洁导轨
  2. 定期涂上导轨润滑油
  3. 定期检查密封条
  4. 定期检查天窗排水管
  5. 不要在颠簸驾驶时打开窗户
  6. 洗车、下雨时不要打开天窗

📥 任务导入

小李购买了一辆比亚迪秦 EV 汽车，使用两年后发现右前车窗开关无法控制右前车窗升降。小李把车送到 4S 店，希望对汽车进行检查和维修。请问，如果你作为一名 4S 店的维修人员，如果窗控系统出现了故障，你如何帮助客户进行故障的检查和维修？

任务分组

学生任务分配表见表 2-3-1。

表 2-3-1　学生任务分配表

班　级		组　号		指导老师	
组　长		学　号			
组　员	姓名：＿＿＿＿＿ 学号：＿＿＿＿＿		姓名：＿＿＿＿＿ 学号：＿＿＿＿＿		
	姓名：＿＿＿＿＿ 学号：＿＿＿＿＿		姓名：＿＿＿＿＿ 学号：＿＿＿＿＿		
	姓名：＿＿＿＿＿ 学号：＿＿＿＿＿		姓名：＿＿＿＿＿ 学号：＿＿＿＿＿		
	姓名：＿＿＿＿＿ 学号：＿＿＿＿＿		姓名：＿＿＿＿＿ 学号：＿＿＿＿＿		
任 务 分 工					

（就组织讨论、工具准备、数据采集、数据记录、安全监督、成果展示等工作内容进行任务分工）

获取信息

❓ 引导问题 1：我们都知道汽车车窗是汽车的重要组成部分，你知道车窗系统部件有哪些吗？请你对新能源汽车的窗控系统（车窗和天窗）做一个简单的介绍。

＿＿＿＿＿＿＿＿＿＿＿＿＿＿＿＿＿＿＿＿＿＿＿＿＿＿＿＿＿＿＿＿＿＿＿＿＿

＿＿＿＿＿＿＿＿＿＿＿＿＿＿＿＿＿＿＿＿＿＿＿＿＿＿＿＿＿＿＿＿＿＿＿＿＿

知识点提示

一、新能源汽车车窗、天窗系统介绍

车窗是整个车身的重要组成部分，是为了满足车内采光、通风及驾乘人员视野的需要而设计的。车窗按玻璃安装位置不同分为前、后风窗，侧窗和门窗。车窗的造型结构及质量对驾驶人的视野、乘客的舒适感、外形的美观以及空气动力特性等方面有较大的影响。车窗结构通常为曲面封闭式，在车身的车窗框与车窗玻璃之间，用橡胶密封条连接。密封条起密封和缓冲的作用，以防止因车身受力窗框变形时不致损坏风窗玻璃。

电动车窗系统通过操作车门饰板上的开关来使车窗升降，驾驶人座椅位置上通过左前门玻璃升降器开关装饰板上的主开关来操作各车窗的开关。电动车窗闭锁开关位于驾驶人侧前门饰板上，它可以使驾驶人禁用所有乘客车窗开关。只有当起动按钮置于"OK"，电动车窗系统才能工作。自动降窗特性可以使驾驶人侧车窗自动降到底，操作时必须向降窗方向按下驾驶人侧车窗开关，直到第二个档位，则开始自动降窗，再次沿任意方向拉起或按下开关，车窗停止运动，并且取消自动降窗动作。自动升窗特性可以使驾驶人侧车窗自动上升，操作时必须向升窗

方向拉起驾驶人侧车窗开关，直到第二个档位，则开始自动升窗，再次沿任意方向拉起或按下开关，车窗停止运动，并且取消自动升窗动作。

　　汽车天窗安装于车顶，能够有效地使车内空气流通，增加新鲜空气的进入量，同时汽车天窗也可以开阔视野以及移动摄影摄像的拍摄需求。

　　比亚迪秦 EV 车型的天窗系统为电动天窗，天窗控制电机总成通过控制电机正转、反转来实现天窗打开、关闭、上倾、下倾。

　　电动车窗系统的某些功能和特性依赖于其电子模块的控制，这些电子模块是集成于左前门玻璃升降器开关组件内的。

　　电动车窗系统部件包括玻璃升降开关、玻璃升降电机、天窗控制开关和天窗开关电机。

　　❓ 引导问题 2：我们现在已经对新能源汽车窗控系统有了一定的了解，那你知道窗控系统具体各个部件的安装位置吗？

_____

_____

💡 知识点提示

二、新能源汽车车窗、天窗组件安装位置

　　下面我们以比亚迪秦 EV 汽车为例，对新能源汽车车窗和天窗重要组件进行介绍。

　　玻璃升降器开关（组）及装饰板总成分别安装在四个门的门护板上，天窗控制开关组安装在顶棚内饰上。图 2-3-1 所示为玻璃升降器开关安装位置示意图，开关左右门位置对称。图 2-3-2 所示为天窗控制开关安装位置（尊贵版）。

图 2-3-1　玻璃升降器开关安装位置（左右门对称）示意图　　图 2-3-2　天窗控制开关安装位置（尊贵版）

　　❓ 引导问题 3：如果在进行新能源汽车车窗和天窗维护的过程中，发现其有故障不能正常工作，你能简单判断出现故障的可能部位吗？如整个窗控系统不工作时，可能出现故障的部位是哪些？又如天窗滑动或斜开其中一项无法工作时，可能出现故障的部位是哪里？请你进行简单的阐述。

_____

_____

智能新能源汽车职业技能等级要求中的车身附件检测维修任务就涉及检查、测试、维修或更换电动车窗电路的导线、升降器、开关、控制器、继电器、电机和插头。通过智能新能源汽车职业技能等级考核可获得教育部 1+X 证书中的《智能新能源汽车技能等级证书》。

知识点提示

三、根据故障现象分析可能的故障部位

当电动车窗出现故障，根据车窗和天窗的故障现象，可以先判断可能出现故障的部位，然后进行故障的检查排除等工作。根据电动车窗故障现象分析可能故障部位，见表 2-3-2。根据电动天窗故障现象分析可能故障部位，见表 2-3-3。

表 2-3-2 电动车窗故障表

故 障 现 象	可 能 部 位
整个窗控系统不工作	左前玻璃升降器开关组配电 玻璃升降器电机电源电路 整车电源
只有左前玻璃升降器可以动作，其他玻璃升降器均无法动作	左前玻璃升降器开关组 线束 仪表配电盒
左前车窗开关无法控制左前车窗升降	熔丝 左前车窗电机 左前车窗开关 线束
右前车窗开关无法控制右前车窗升降	熔丝 右前车窗电机 右前车窗开关 线束
左后车窗开关无法控制左后车窗升降	熔丝 左后车窗电机 左后车窗开关 线束
右后车窗开关无法控制右后车窗升降	熔丝 右后车窗电机 右后车窗开关 线束
左前车窗开关组无法控制右前车窗升降，但右前车窗开关可以控制右前车窗升降	左前车窗开关 线束 熔丝

（续）

故障现象	可能部位
左前车窗开关组无法控制左后车窗升降，但左后门车窗开关可以控制左后车窗升降	左前车窗开关 线束 熔丝
左前车窗开关组无法控制右后车窗升降，但右后门车窗开关可以控制右后车窗升降	左前车窗开关 线束 熔丝
只有左前玻璃升降器可以动作，其他玻璃升降器均无法动作	左前玻璃升降器开关组 线束 熔丝

表 2-3-3　电动天窗故障表

故障现象	可能部位
天窗滑动与斜开均无法工作	天窗电源 天窗电机 天窗开关 线束
天窗滑动或斜开其中一项无法工作	天窗开关 线束

❓ 引导问题 4：请你说说在新能源汽车维护时，车窗和天窗基础检查包含哪些内容？你知道如何进行车窗电机和车窗开关（请以左前车窗开关检查为例）的检查吗？请你进行简单的阐述。

_____

_____

💡 知识点提示

四、车窗、天窗的检查与维护

对汽车窗控系统进行检查时，需要从以下几个方面进行：

一要检查玻璃升降是否顺畅、有无异响；

二要检查玻璃是否破损、是否有明显污迹；

三要检查车窗的密封胶条是否有弹性或是老化，如有老化，需要进行密封胶条的更换。另外需要注意的是，有些车型的密封胶条需要定期进行润滑，可以根据车辆的实际情况在检查维护的过程中，对密封胶条进行润滑处理。

检查维护天窗时，首先起动天窗按钮打开天窗，观察天窗是否能够正常开启和使用；其次，检查天窗密封胶条是否老化有弹性，滑轨是否有杂物，如胶条老化则需要进行更换，如有杂物需要进行清理；最后，要进行天窗排水孔的检查，通过往天窗排水孔倒水，检查是否畅通，如果排水不畅通，则可能是排水管出现了堵塞，需要进行排水管的疏通或是更换。

❓ 引导问题 5：天窗的维护除了清洁、紧固之外，如果是业主自己平时想对其进行基础维护，你可以在哪些方面给业主建议呢？

_____

_____

💡 知识点提示

五、日常维护

如果业主想对自己的汽车进行简单的基础维护，可以从以下几个方面进行：

1. 常规清洁导轨

在使用过程中，不可避免的是一些灰尘将会残留。空气中的灰尘落入导轨和狭缝周围，沙子、灰尘、落叶、昆虫尸体等碎片残留物很容易导致导轨和天窗的腐蚀，导轨损坏，天窗不能完全关闭。

2. 定期涂上导轨润滑油

一般每 2~3 个月就需要对天窗进行一次维护。清洁擦干后涂抹少许专用的润滑油。定期维护可延长密封件的使用寿命。

3. 定期检查密封条

密封条可以保证天窗不漏水、不漏气，没有缝隙，否则雨天就会漏水。需要注意密封条是有使用寿命的，使用久了会出现老化的现象，老化到一定程度，密封条就会损坏，尤其是在炎热的夏季，高温会加速橡胶条的老化，所以要定期清理、检查并更换密封条。

4. 定期检查天窗排水孔

天窗排水检查主要是疏通排水孔，保持天窗的排水孔流动畅通，避免天窗漏水。许多车辆的排水孔都很小，容易被沉积物等阻挡，即使天窗没有漏水，也必须定期检查天窗排水的状态，确保天窗排水顺畅。

5. 不要在颠簸驾驶时打开窗户

在颠簸的道路上驾驶时，最好不要打开天窗。在颠簸的路段行驶，天窗和轨道很容易地产生严重的振动，这可能会导致相关部件变形和损坏。

6. 洗车、下雨时不要打开天窗

如果下雨天或清洗车辆时打开天窗，会使天窗内的胶条和金属老化、生锈。洗完车或下雨天后要打开天窗，一定要将车顶上的水珠先擦干，以免水渗入机械内部，缩短使用寿命。另外，使用高压水枪洗车时，不要将水柱对准天窗周围的密封圈喷射，避免密封圈在高压水柱的喷射下变形。

📋 工作计划

按照前面所了解的知识内容和小组内部讨论的结果，制订工作方案，包括资料查阅渠道的落实、任务实施任务中的内容分工等，完成表 2-3-4。

表 2-3-4 工作方案表

步骤	工 作 内 容	负责人
1		
2		
3		
4		
5		

进行决策

1）各组派代表阐述资料查询结果。

2）各组就各自的查询结果进行交流，并分享技巧。

3）教师结合各组完成的情况进行点评，并选出最佳方案。

任务实施

一、任务准备

1. 设备及工具准备

设备及工具准备见表 2-3-5。

表 2-3-5 设备及工具准备

序 号	设备及工具名称	数 量
1	数字万用表	1台
2	绝缘防护套装	1套
3	绝缘工具套装	1套
4	常规工具套装	1套
5	比亚迪秦 EV 整车	1辆

2. 场地准备

1）任务实施前，需要做好场地防护准备，检查实训场地和设备设施是否存在安全隐患，如发现不正常的地方，需及时报告老师或实验员进行处理后，方可实施任务。

2）本实训任务用到实车，任务实施前需要在车辆周围围上隔离带，并摆上安全提示牌。

3. 安全防护准备

1）检测各个设备以及所需要器材是否完好。

2）涉及高压安全操作，务必做好充分防护操作。

4. 其他辅助准备

汽车维修手册、教材、实训工作页、笔。

二、实施步骤

1. 进行车窗和天窗的简单检查

汽车车窗和天窗的检查见表 2-3-6。

表 2-3-6 汽车车窗和天窗的检查

步骤	操作内容
1	观察车窗玻璃有无破损、玻璃是否有刮花等明显问题，并进行相关记录
2	对左前、左后、右前、右后的车窗进行升到顶、降到底的操作，观察其是否能够正常顺畅升降、升降过程中有无异响，如有问题进行相关记录
3	打开车窗，检查左前、左后、右前、右后的车窗密封条是否老化、破损，关闭车窗，查看密封性是否良好，如有问题，进行相关记录。检查车窗的密封条状态，根据车型和实际使用状况决定是否需要对密封条进行涂抹润滑剂
4	观察天窗是否有明显损坏，起动天窗，看开启过程是否顺畅、有无异响，滑轨是否通畅，并进行检查结果的记录
5	检查天窗密封条是否老化、破损，关闭天窗，查看密封性是否良好，如有问题，进行相关记录。检查天窗的密封条状态，根据车型和实际使用状况决定是否需要对密封条进行涂抹润滑剂（一般 2~3 个月）
6	检查天窗的排水口是否堵塞，通过往天窗排水孔倒水，检查是否畅通，如果可以正常排水，可以看到排水孔能够正常出水。如果排水不畅通，则可能是排水管出现了堵塞，需要进行排水管的疏通或是更换，检查的结果需要进行记录
7	检查天窗电机，断开天窗电机控制 P05 插接器
8	测量线束端插接器各端子间电压或电阻（测量条件及结果对照天窗电机控制正常值表格）
9	检查左前车窗开关，首先断开车窗开关 T05 插接器
10	测量线束端插接器各端子间电压或电阻（测量条件及结果对照左前车窗控制正常值表格）
11	操作完成后，进行 6S 整理

2. 天窗电机的检查

步骤 1. 断开天窗电机控制 P05 插接器，如图 2-3-3 所示。

步骤 2. 测量线束端插接器各端子间电压或电阻。测量条件及结果正常值对照见表 2-3-7。

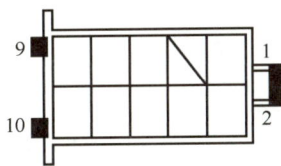

图 2-3-3 天窗电机控制 P05 插接器

表 2-3-7 天窗电机控制正常值

端子号	线色	端子描述	条件	正常值
P05-1- 车身地	L/W	天窗下倾控制	导通	小于 1Ω
P05-3- 车身地	G/R	IG1 电源	ON 档电	11 ~ 14V
P05-5- 车身地	Y/W	天窗上倾控制	导通	小于 1Ω
P05-6- 车身地	Gr/B	天窗关闭控制	导通	小于 1Ω
P05-7- 车身地	Gr/Y	天窗打开控制	导通	小于 1Ω
P05-9- 车身地	R/G	常电	始终	11 ~ 14V
P05-10- 车身地	B	地	始终	小于 1Ω

3. 左前车窗开关的检查

1）断开左前车窗开关 T05 插接器，如图 2-3-4 所示。

2）测量线束端插接器各端子间电压或电阻。测量条件及结果正常值对照见表 2-3-8。

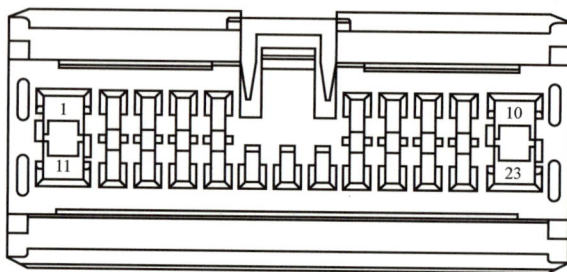

图 2-3-4　左前车窗开关 T05（A）插接器

表 2-3-8　左前车窗控制正常值

端 子 号	线 色	端子描述	条 件	正常值 /V
T05（A）-14- 车身地	R/L	ON 档电	电源上到 ON 档电	11 ~ 14
T05（A）-19- 车身地	R	常电	始终	11 ~ 14
T05（A）-10- 车身地	B	地	始终	小于 1
T05（A）-9- 车身地	B	地	始终	小于 1

　　若出现测量的结果与表 2-3-8 中对应的结果数值不符的情况，则接上 T05 和 T01 插接件，从插接件的后端测量端子电压。测量条件及结果正常值对照见表 2-3-9。

表 2-3-9　插接件端子号及其对应正常值

端 子 号	线 色	端子描述	条 件	正常值 /V
T01-4- 车身地	R	左前门玻璃升降电机电源		
T01-3- 车身地	B	左前门玻璃升降电机地		
T01-1- 车身地	G	左前门玻璃电机升电源	电源 ON 档电，左前门开关向上拉起	11 ~ 14
T01-6- 车身地	Y	左前门玻璃电机降电源	电源 ON 档电，左前门开关向下按	11 ~ 14
U01-4- 车身地	R	右前门玻璃升降电机电源		
U01-3- 车身地	B	右前门玻璃升降电机地		
U01-1- 车身地	W	右前门玻璃电机升电源	电源 ON 档电，右前门开关向上拉起	11 ~ 14
U01-6- 车身地	L	右前门玻璃电机降电源	电源 ON 档电，右前门开关向下按	11 ~ 14
V01-4- 车身地	R	左后门玻璃升降电机电源		
V01-3- 车身地	B	左后门玻璃升降电机地		
V01-1- 车身地	W	左后门玻璃电机降电源	电源 ON 档电，左后门开关向下按	11 ~ 14

（续）

端 子 号	线 色	端 子 描 述	条 件	正常值/V
V01-6-车身地	L	左后门玻璃电机升电源	电源 ON 档电，左后门开关向上拉起	11 ~ 14
W01-4-车身地	R	右后门玻璃升降电机电源		
W01-3-车身地	B	右后门玻璃升降电机地		
W01-1-车身地	W	右后门玻璃电机降电源	电源 ON 档电，右后门开关向下按	11 ~ 14
W01-6-车身地	L	右后门玻璃电机升电源	电源 ON 档电，右后门开关向上拉起	11 ~ 14
T05-17-车身地	V	CAN-L	始终	1.5 ~ 2.5
T05-18-车身地	P	CAN-H	始终	2.5 ~ 3.5
T05-4-车身地	W	左前门锁未锁信号	左前门锁未锁	小于 1

注意：如果测试结果与所给正常值不符，则可能是开关故障。

评价反馈

1）各组代表展示汇报 PPT，介绍任务的完成过程。

2）以小组为单位，请对各组的操作过程与操作结果进行自评和互评，并将结果填入表 2-3-10 中。

表 2-3-10　学生评价表

姓名		学号		班级			组别		
实训任务									
评价项目	分值	等级				评价对象（组别）			
		A	B	C	D	1	2	3	4	5	6	7	8
方案合理	20	20	15	10	5				
团队合作	20	20	15	10	5				
工作质量	20	20	15	10	5				
工作规范	20	20	15	10	5				
汇报展示	20	20	15	10	5				
合计	100	各组得分							
总结与反思									

（如：学习过程中遇到什么问题→如何解决的 / 解决不了的原因→心得体会）

笔 记 栏

3）教师对学生工作过程与工作结果进行评价，并将评价结果填入表 2-3-11 中。

表 2-3-11　教师对学生评价表

姓名			学号		班级		组别	
实 训 任 务								
评价项目			评 价 标 准				分值	得分
考勤（10%）			无迟到、早退和旷课的现象				10	
工作过程（60%）	知识目标	获取信息	掌握工作相关知识				10	
		进行决策	制订工作方案，方案合理可行				10	
	技能目标	任务实施	能够按照要求做好设备及工具准备 正确进行场地准备 做好安全防护准备和其他防护准备				5	
			理解实训操作顺序 能够按照正确的步骤进行操作				5	
			能够根据实训操作 做好完善的记录				5	
			正确完成全部实训操作 按要求进行 6S 整理				5	
	素养目标	工作态度	认真严谨、积极主动 安全生产、文明施工				5	
		团队合作	与小组成员和同学之间能合作交流，友好协调工作				5	
		工作质量	能按照工作方案操作 按计划完成工作任务				10	
项目成果（30%）		工作完整	能按时完成工作任务的所有环节				10	
		工作规范	能在整个操作过程中规范操作，避免意外事故的发生				10	
		汇报展示	能准确表达和汇报工作成果				10	
合计							100	
综合评价		学生评价（50%）		教师评价（50%）			综合得分	
综合评语		（作业过程中存在的问题及改进建议）						

任务四　电动车窗故障诊断与维修

任务目标

知识目标

1. 掌握新能源汽车车窗系统的基本组成。
2. 掌握比亚迪秦 EV 电动汽车车窗系统的相关功能。

技能目标

1. 具备从多途径的信息源中检索专业知识的能力。
2. 根据车窗、天窗的故障现象，判断可能出现故障的部位。
3. 具备使用纯电动汽车车窗相关故障的诊断仪排查的能力。

素养目标

1. 掌握分析解决问题以及多元化思考解决问题的方法，形成创新意识。
2. 具有良好的团队协作精神和较强的组织沟通能力。
3. 具备良好的职业道德素养，尊重他人劳动，不窃取他人成果。

任务框图

电动车窗故障诊断与维修 ── 比亚迪秦EV汽车电动车窗系统介绍

　　　　　　　　　　　 └─ 比亚迪秦EV汽车左前车窗防夹诊断

任务导入

　　电动车窗是新能源汽车常用的功能部件，如果车窗出现了问题，将会非常影响车辆的使用。小张的比亚迪秦 EV 汽车电动车窗出现了问题，他把车辆开到 4S 店进行维修。请问，如果你是店里的维修人员，应该如何进行故障诊断和排查呢？窗控系统及左前开关和左前电机的检查方法又是怎么样的？

任务分组

　　学生任务分配表见表 2-4-1。

表 2-4-1　学生任务分配表

班　级		组　号		指导老师	
组　长		学　号			
组　员	姓名：_____　学号：_____		姓名：_____　学号：_____		
	姓名：_____　学号：_____		姓名：_____　学号：_____		
	姓名：_____　学号：_____		姓名：_____　学号：_____		
	姓名：_____　学号：_____		姓名：_____　学号：_____		
任 务 分 工					

（就组织讨论、工具准备、数据采集、数据记录、安全监督、成果展示等工作内容进行任务分工）

🌐 获取信息

❓ 引导问题 1：请你查阅相关资料，了解比亚迪秦 EV 汽车电动车窗的相关部件与功能，并写在下面的横线上。

_____

_____

💡 知识点提示

一、比亚迪秦EV汽车电动车窗系统介绍

电动车窗系统通过操作车门饰板上的开关来使车窗升降，驾驶人座椅位置上通过左前门玻璃升降器开关装饰板上的主开关来操作各车窗的开关。电动车窗闭锁开关位于驾驶人侧前门饰板上，驾驶人可以通过它禁用全车各车窗的开关。只有当起动按钮置于"OK"档，电动车窗系统才能工作。自动降窗特性可以使驾驶人侧车窗自动降到底，操作时必须向降窗方向按下驾驶人侧车窗开关，直到第二个档位，则开始自动降窗，再次沿任意方向拉起或按下开关，车窗停止运动，并且取消自动降窗动作。自动升窗特性可以使驾驶人侧车窗自动上升，操作时必须向升窗方向拉起驾驶人侧车窗开关，直到第二个档位，则开始自动升窗，再次沿任意方向拉起或按下开关，车窗停止运动，并且取消自动升窗动作。电动车窗系统的某些功能和特性依赖于其电子模块的控制，这些电子模块是集成于左前门玻璃升降器开关组件内的。

电动车窗系统部件由玻璃升降器和玻璃升降电机组成。

电动车窗延时功能：前门关闭，车辆电源档位从"OK"档退电至"OFF"档后的 10min 内，窗控开关仍可以工作，开关背光灯点亮，可控制车门玻璃升降。一旦有任意前门打开，则延时功能失效。

电动车窗电机应用了最新的工艺、技术和材料，如在防水方面，采用了全密封设计，并且使用了透气膜技术（电机运转产生温升后容易使电机内外产生压差，在最薄弱的密封处冲破密

封，此时电机需要一个类似于"呼吸器官"的部件来平衡内外压差，不对薄弱的密封处产生冲击，透气膜正是起到此作用，它能够通过气体，平衡内外压差，又能隔断液体，避免液体流入电机，使电机真正达到全密封防水设计要求）；在电机过热保护方面，采用了聚合物 PTC 过电流保护器，能更迅速有效地保护电机不因外部故障（如开关故障）而烧毁电机；在电机噪声处理方面，在电机旋转轴上采用了特殊设计，采用了高耐磨减振材料，保证电机在高速旋转时不会产生金属冲击及摩擦噪声；在电机电源接线方面，直接采用了端子接口，去掉了电源引接线，避免了引线带来的接触不良等故障问题；电机采用直流双极永磁结构，双向旋转，内部安置了过热保护装置，无须外部电路设置保护；当给电机通电以后，由于磁场力的作用，电机产生旋转运动，再通过一个较大的涡轮减速机构减速，在输出齿轮上获得低速大转矩，当电机处于卡死或电路出现故障时，过热保护装置能及时将电源切断，保护电机不被损坏。

> ❓ 引导问题 2：比亚迪秦 EV 左前车窗需要进行防夹诊断，请你查阅相关资料，将比亚迪秦 EV 汽车左前车窗防夹诊断方法写在下面的横线上。
>
> _____
>
> _____

💡 知识点提示

二、比亚迪秦EV汽车左前车窗防夹诊断

1）在进行比亚迪秦 EV 汽车左前车窗防夹诊断时，需要检查左前车窗开关，断开左前车窗开关 T05 插接件，测量线束端插接件各端子间电压或电阻。

对 T05 进行测量，其对应的正常值参照见表 2-3-8。

若测试结果与表 2-3-8 中的正常值不符，则可能是相应的线束有故障，具体是什么故障需要进行具体分析。

2）安装插接件 T05 和 T01，从后端引线测量板端端子电压。测量正常值见表 2-3-9。

若检查的结果与表 2-3-9 中的数值不相符，则可能是开关故障。

📋 工作计划

按照前面所了解的知识内容和小组内部讨论的结果，制订工作方案，包括资料查阅渠道的落实、任务实施任务中的内容分工等，完成表 2-4-2。

表 2-4-2 工作方案表

步骤	工作内容	负责人
1		
2		
3		
4		
5		

进行决策

1）各组派代表阐述资料查询结果。

2）各组就各自的查询结果进行交流，并分享技巧。

3）教师结合各组完成的情况进行点评，并选出最佳方案。

任务实施

一、任务准备

电动车窗
故障检修

1. 设备及工具准备

设备及工具准备见表2-4-3。

表 2-4-3　设备及工具准备

序　　号	设备及工具名称	数　　量
1	万用表	1 台
2	绝缘防护套装	1 套
3	绝缘工具套装	1 套
4	常规工具套装	1 套
5	比亚迪秦 EV 整车	1 辆

2. 场地准备

1）任务实施前，需要做好场地防护准备，检查实训场地和设备设施是否存在安全隐患，如发现不正常的地方，需及时报告老师或实验员进行处理后，方可实施任务。

2）本实训任务用到实车，任务实施前需要在车辆周围围上隔离带，并摆上安全提示牌。

3. 安全防护准备

1）检测各个设备以及所需要器材是否完好。

2）涉及高压安全操作，务必做好充分防护操作。

4. 其他辅助准备

汽车维修手册、教材、实训工作页、笔。

二、实施步骤

窗控模块及左前开关和左前电机的检查如下：

当窗控模块及左前开关和左前电机出现问题时，需要对其进行检查，根据故障出现的具体问题参照左前玻璃升降器开关电气原理，如图 2-4-1 所示。

1）拔掉 F2/20 和 F2/42 熔丝，使用万用表检测熔丝两端的电阻值。若 ∞，则更换熔丝插片。

2）检查左前窗控模块和电机的电源。断开插接件 T05，测量线束端子电压参照见表 2-4-4。

若测量数值与表 2-4-4 中的数值不相符，则更换配电盒或线束。若测量数值与表 2-4-4 中的数值相符，则检查舒适 CAN 总线。

3）检查舒适 CAN 总线，断开插接件 T05，测量线束端子电压，见表 2-4-5。

若测量数值与表 2-4-5 中的数值不相符，则检查线束。若测量数值与表 2-4-5 中的数值相符，则检查左前窗控模块。

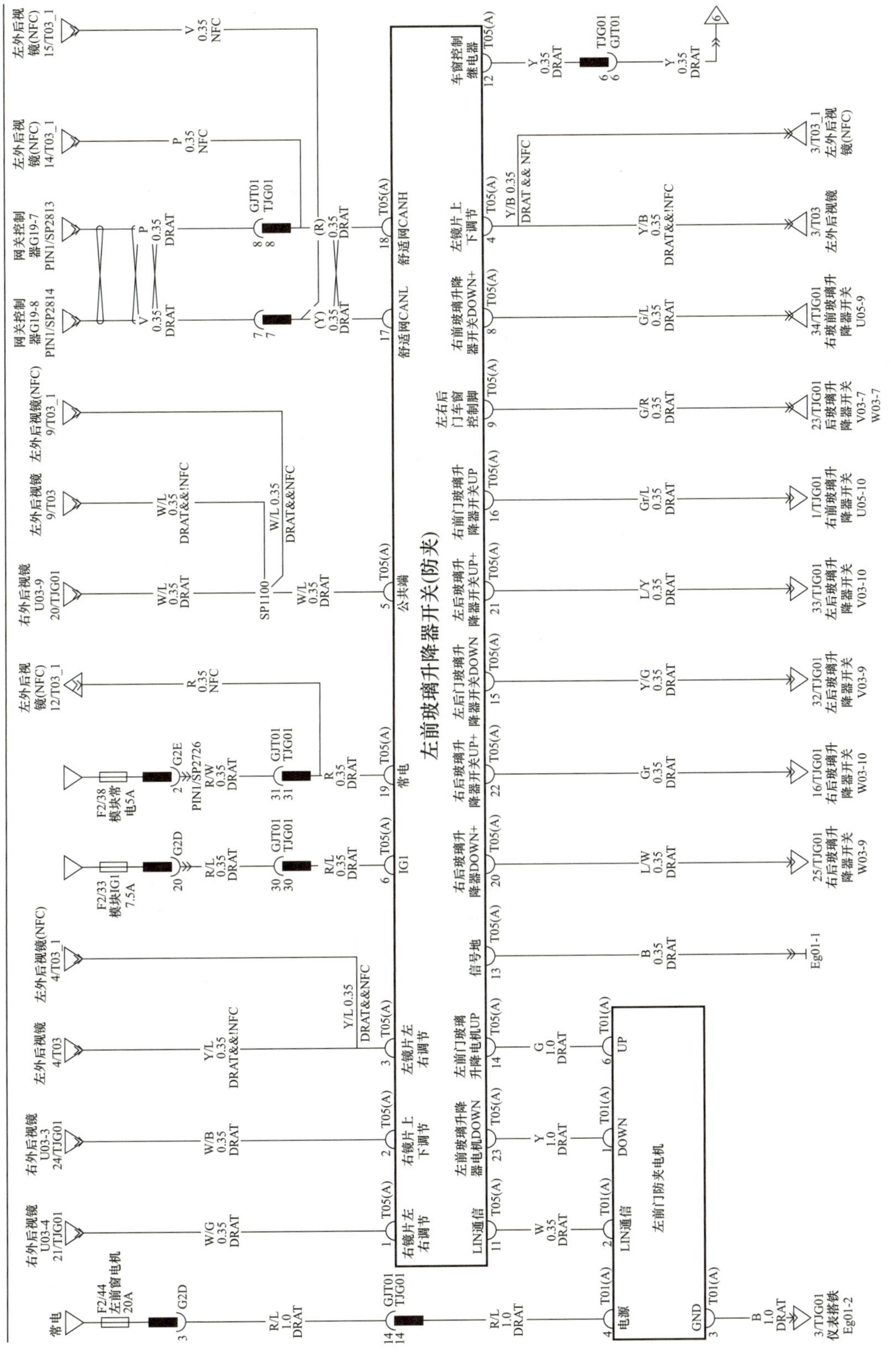

图 2-4-1　电气原理图

表 2-4-4　插接件 T05 端子电压对照表

端 子 号	线 色	条 件	正常值 /V
T05（A）-19- 车身地	R	常电	11~14
T05（A）-14- 车身地	R/L	ON 档电	11~14
T05（A）-9- 车身地	B	始终	小于 1
T05（A）-10- 车身地	B	始终	小于 1

表 2-4-5　插接件 T05 相关端子测量对照表

端 子 号	线 色	条 件	正常值 /V
T05（A）-11- 车身地	V	常电	1.5~2.5
T05（A）-18- 车身地	P	ON 档电	2.5~3.5

4）断开插接件 T01，测量线束端电压，见表 2-4-6。

表 2-4-6　插接件 T01 对照表

端 子 号	线 色	条 件	正常值 /V
T01-1- 车身地	Y	ON 档电，按按钮控制左前窗上升	1.5~2.5
T01-6- 车身地	G	ON 档电，按按钮控制左前窗下降	2.5~3.5

若测量数值与表 2-4-6 中的数值不相符，则更换左前窗控模块。

评价反馈

1）各组代表展示汇报 PPT，介绍任务的完成过程。

2）以小组为单位，请对各组的操作过程与操作结果进行自评和互评，并将结果填入表 2-4-7 中。

表 2-4-7　学生评价表

姓名			学号		班级		组别				
实训任务											
评价项目	分值	等 级				评价对象（组别）					
		A	B	C	D	1	2	3	4	5	6	7	8
方案合理	20	20	15	10	5						
团队合作	20	20	15	10	5						
工作质量	20	20	15	10	5						
工作规范	20	20	15	10	5						
汇报展示	20	20	15	10	5						
合计	100	各组得分									
总结与反思											

（如：学习过程中遇到什么问题→如何解决的 / 解决不了的原因→心得体会）

3）教师对学生工作过程与工作结果进行评价，并将评价结果填入表 2-4-8 中。

表 2-4-8　教师对学生评价表

姓名			学号		班级		组别	
实训任务								
评价项目			评价标准				分值	得分
考勤（10%）			无迟到、早退和旷课的现象				10	
工作过程（60%）	知识目标	获取信息	掌握工作相关知识				10	
		进行决策	制订工作方案，方案合理可行				10	
	技能目标	任务实施	能够按照要求做好设备及工具准备 正确进行场地准备 做好安全防护准备和其他防护准备				5	
			理解实训操作顺序 能够按照正确的步骤进行操作				5	
			能够根据实训操作 做好完善的记录				5	
			正确完成全部实训操作 按要求进行 6S 整理				5	
	素养目标	工作态度	认真严谨、积极主动 安全生产、文明施工				5	
		团队合作	与小组成员和同学之间能合作交流，友好协调工作				5	
		工作质量	能按照工作方案操作 按计划完成工作任务				10	
项目成果（30%）	工作完整		能按时完成工作任务的所有环节				10	
	工作规范		能在整个操作过程中规范操作，避免意外事故的发生				10	
	汇报展示		能准确表达和汇报工作成果				10	
			合计				100	
综合评价		学生评价（50%）		教师评价（50%）			综合得分	
综合评语		（作业过程中存在的问题及改进建议）						

情智课堂

MCU芯片：国内企业在车规级产品实现突围

在新能源汽车中，40%的成本来自动力蓄电池，动力蓄电池就像是为新能源汽车提供"泵血功能"的心脏。而动力蓄电池又离不开BMS芯片，BMS芯片可对锂电池做电压温度检测、做短路/断路的保护措施、对电流实行实时检测等。据业界消息，2021年我国BMS芯片市场规模为每年数十亿颗，其中来自我国品牌的份额仅有两成，能够用于新能源汽车的更是少之又少。

BMS芯片并非特指一种芯片，而是AFE（电池采样芯片）、MCU（微控制处理单元）、ADC（模拟数字转换器）、数字隔离器等产品的统称。

以车用MCU芯片为例，在一辆汽车所装备的全部半导体器件中，MCU约占三成。纵观整个汽车电子芯片领域，MCU的应用范围十分多元。无论是车身动力、整车控制、信息娱乐、辅助驾驶等智能化功能，还是车身稳定系统、防抱死制动系统、发动机ECU等智能化系统，都少不了MCU芯片。

2021年，在产能不足、交付期拉长的情况下，汽车厂商无法实现芯片库存及时补货，导致了车用MCU芯片出现供需紧张问题。

在这种情况下，国际汽车制造商迫切需要多种渠道来采购符合汽车质量规格的MCU。由于汽车厂商开始考虑增加采购渠道和候选供应商，我国MCU厂商迎来了打入全球汽车供应链的契机。

在我国众多的MCU厂商中，杰发科技、芯旺微电子、赛腾微电子、琪埔维半导体、比亚迪半导体等少数公司已经批量生产了车用MCU，并且进入了汽车OEM厂商供应链。但需要看到的是，我国绝大多数公司的车用MCU产品在车窗、照明和冷却系统等控制应用方面更为常见，在动力总成控制、智能座舱和ADAS等复杂应用中仍不多见。由此可见，我国在车用MCU领域仍然具备较大发展潜力。

在产业链供应链的自主可控方面，民族企业的中流砥柱作用正在释放。一些民族企业正在引领技术变革，解决行业核心需求，提高产业链供应链自主可控能力。"道虽迩，不行不至；事虽小，不为不成。"每一项事业，不论大小，都是靠脚踏实地、一点一滴干出来的，科学技术的进步如此，知识技能的学习如此，我们对人生的态度也是如此，无论起步如何，只要踏实笃行，结果是不会骗人的。

项目三
新能源汽车座椅检修

任务一　座椅控制原理认知

任务目标

知识目标

1. 掌握新能源汽车座椅系统的基本组成。
2. 掌握主驾、副驾座椅系统的控制方式。

技能目标

1. 具备从多途径的信息源中检索专业知识的能力。
2. 具备座椅控制调节的能力。

素养目标

1. 掌握分析解决问题以及多元化思考解决问题的方法，形成创新意识。
2. 具有良好的团队协作精神和较强的组织沟通能力。
3. 具备良好的职业道德，尊重他人劳动，不窃取他人成果。

任务框图

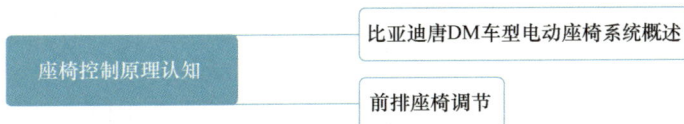

任务导入

　　汽车座椅是汽车的重要组成部分，它能否正常使用也关乎着驾驶的安全。一位车主的比亚迪唐 DM 座椅出现了故障，他把车辆送到 4S 店进行检修，如果你是店里的维修人员，你能根据车辆座椅的控制原理，进行故障分析吗？

任务分组

学生任务分配表见表3-1-1。

表3-1-1　学生任务分配表

班　级		组　号		指导老师	
组　长		学　号			
组　员	姓名:＿＿＿＿＿　学号:＿＿＿＿＿		姓名:＿＿＿＿＿　学号:＿＿＿＿＿		
	姓名:＿＿＿＿＿　学号:＿＿＿＿＿		姓名:＿＿＿＿＿　学号:＿＿＿＿＿		
	姓名:＿＿＿＿＿　学号:＿＿＿＿＿		姓名:＿＿＿＿＿　学号:＿＿＿＿＿		
	姓名:＿＿＿＿＿　学号:＿＿＿＿＿		姓名:＿＿＿＿＿　学号:＿＿＿＿＿		
任　务　分　工					

（就组织讨论、工具准备、数据采集、数据记录、安全监督、成果展示等工作内容进行任务分工）

获取信息

❓ 引导问题1：比亚迪唐DM系列配置的是电动座椅，请你查阅相关资料，谈谈你对电动座椅的认知并把其工作原理写在下面的横线上。

_____

_____

知识点提示

一、比亚迪唐DM车型电动座椅系统概述

比亚迪唐DM车型的主驾座椅ECU的主要功能是控制主驾座椅的八项电动调节和通风加热功能，同时预留副驾座椅的通风、加热的能力。主驾座椅ECU又区分高低配置，高配控制八项电动调节及记忆功能和通风加热，低配只控制八项电动调节。低配车型副驾座椅ECU，控制副驾座椅的四向电动调节，控制座椅的水平前后、靠背前后和通风加热功能；低配不带通风加热功能。主驾座椅系统框图如图3-1-1所示。主驾座椅ECU控制着座椅水平调节电机、座椅高度调节电机、座椅坐盆调节电机、座椅靠背调节电机、座椅加热等。

主驾座椅电气原理图如图3-1-2所示。通过原理图可以看出，主驾座椅ECU通过不同的电路进行各个功能的控制，进而达到整个电动座椅电动控制的效果。

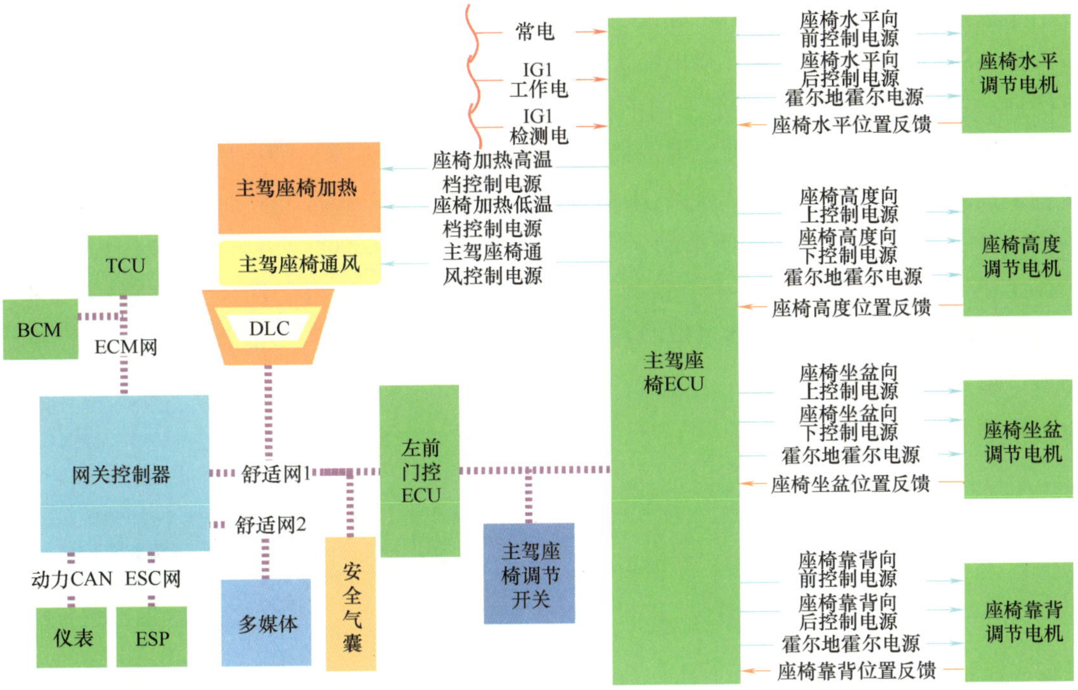

图 3-1-1　主驾座椅系统框图

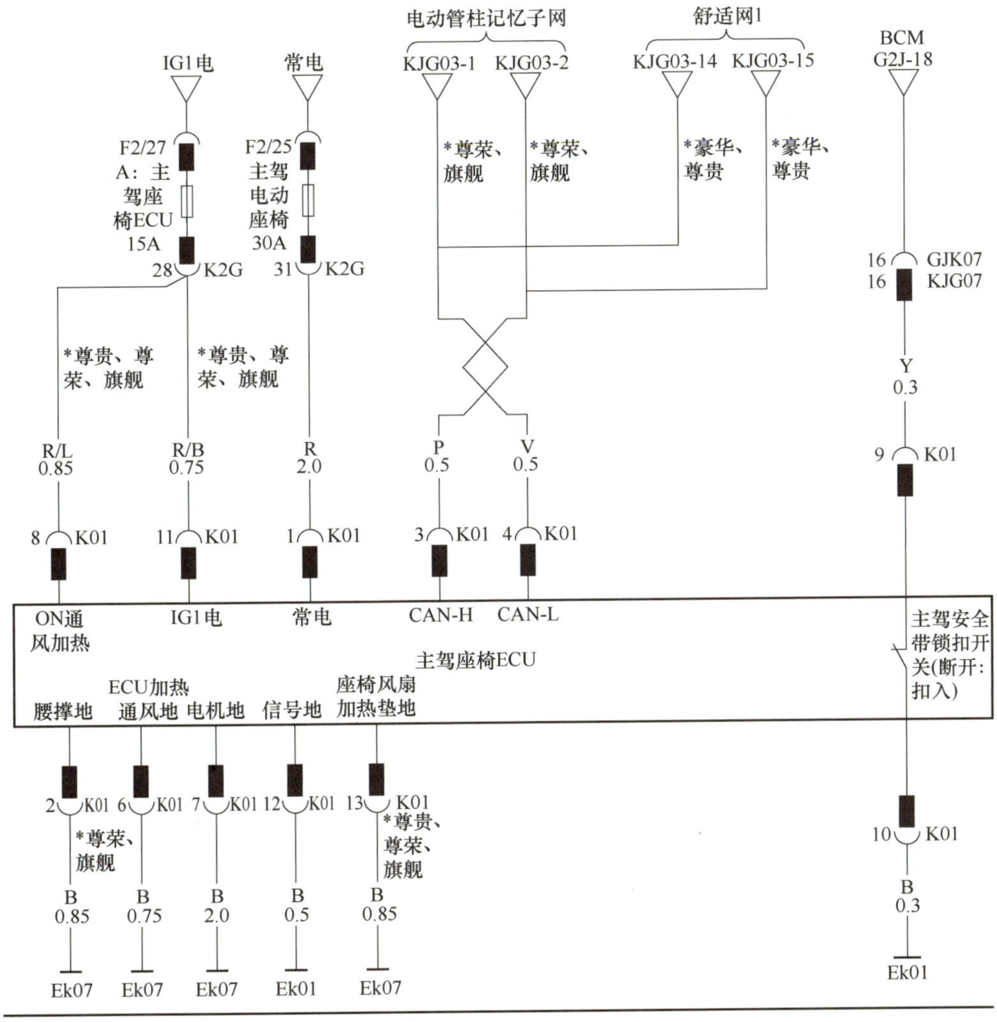

图 3-1-2　主驾座椅电气原理图

当车辆解锁后，比亚迪唐 DM 尊荣、旗舰车型装配有舒适进入模式，即主驾的座椅会自动向后移动，转向柱会向前移动，留出最大的空间让驾驶人方便地进入驾驶室内。驾驶人坐到主驾座椅后，主驾 ECU 控制座椅水平向前移动至驾驶人设定的位置。同时，转向柱也开始向后移动至驾驶人设定的位置。驾驶人可以通过主驾座椅开关进行座椅的前后、高度、坐盆上下以及靠背前后移动来找到自己最舒适的座椅位置。当有座椅需要通风或加热需求时，驾驶人在主驾座椅开关选择相对应的按钮来满足驾驶人的需求。当车辆受到侧面撞击时，此时安全气囊 ECU 会控制主驾座椅侧的安全气囊弹开，保护驾驶人避免撞击受伤。副驾座椅系统框图如图 3-1-3 所示，副驾座椅 ECU 通过电源控制着座椅水平调节电机、座椅背靠调节电机、副驾座椅加热、副驾座椅通风等功能。

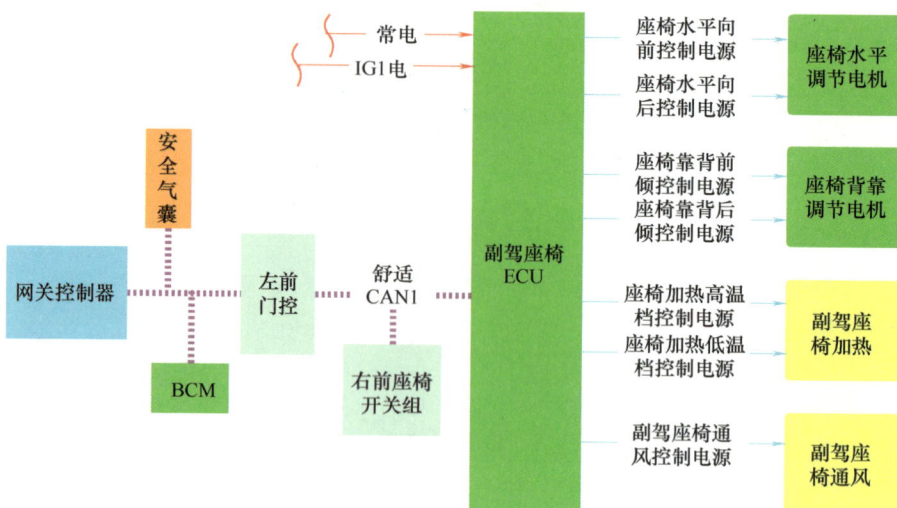

图 3-1-3　副驾座椅系统框图

副驾座椅电气原理图如图 3-1-4 所示。通过原理图可以看出，副驾座椅 ECU 通过不同的电路进行各个功能的控制，进而达到副驾电动座椅电动控制的效果。例如，当需要对座椅进行加热时，ECU 会发出加热信号，对加热系统进行加热处理。同理，当需要进行座椅靠背调节时，通常给副驾座椅 ECU 发送信号给座椅靠背调节电机，可以进行所需角度的调节。

乘客可以通过副驾座椅开关进行座椅的前后、靠背前后移动来找到自己最舒适的位置。当座椅需要通风或加热需求时，乘客选择相对应的按钮，来满足乘客的需求。当车辆受到侧面撞击时，此时安全气囊 ECU 会控制安全气囊弹开，保护乘客避免撞击受伤。

❓ 引导问题 2：无论是传统汽车，还是新能源汽车，都会涉及座椅调节的问题，你知道如何进行座椅的调节吗？都有哪些注意事项？请你查阅相关资料，并写在下面的横线上。

_____

_____

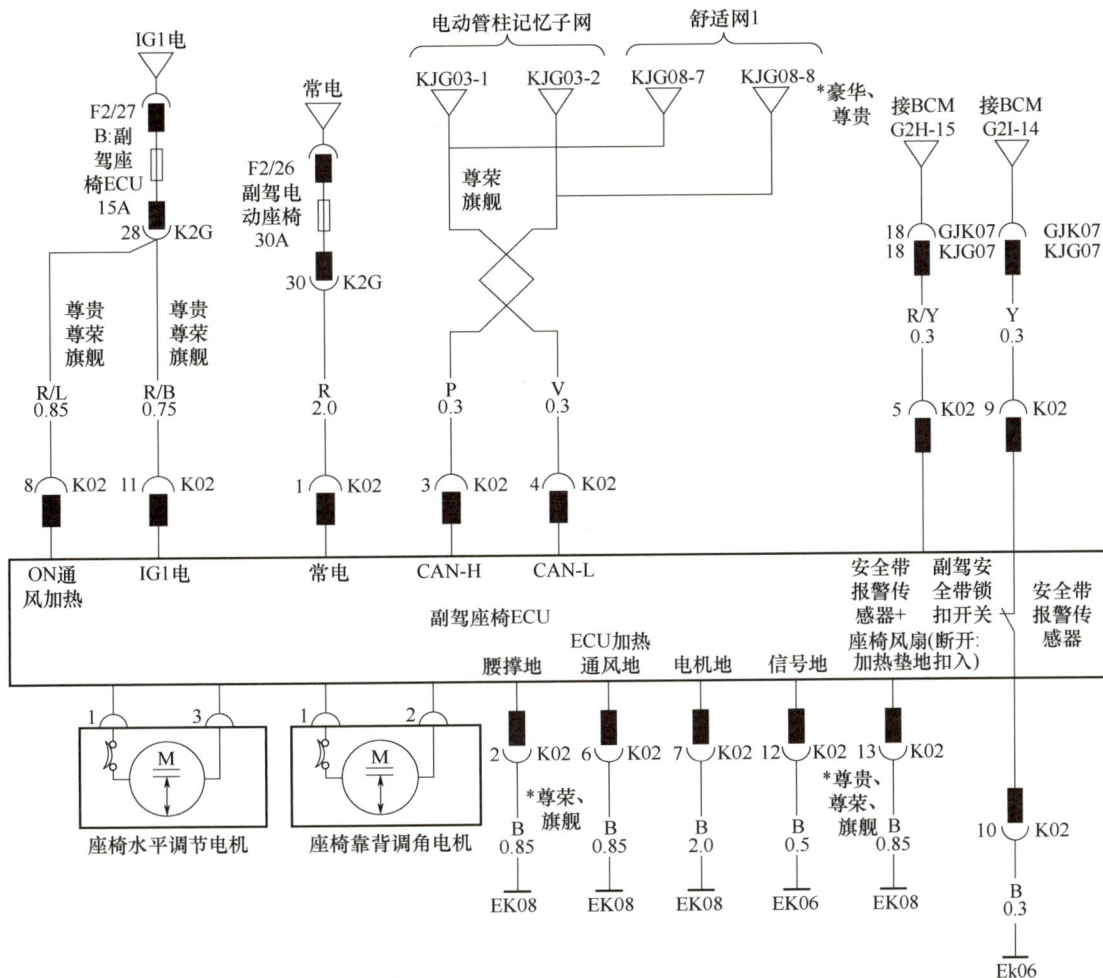

图 3-1-4　副驾座椅电气原理图

💡 知识点提示

二、前排座椅调节

车辆在行驶中，车内所有乘员都必须将座椅靠背垂直向上，背部靠紧座椅靠背并且正确使用安全带。

禁止坐在折叠的座椅靠背上部、行李舱中或是货物上。否则在紧急制动或发生碰撞时，没有正确坐在座椅上或没有正确佩戴安全带的人员可能受到严重的伤害。

在行驶中，请勿让乘员站起或在座椅间移动。否则在紧急制动或发生碰撞时，乘员可能会受到严重的伤害。

座椅调节的注意事项：调节驾驶人座椅，使踏板、转向盘和仪表板控制器都位于驾驶人容易控制的范围内。

提示如下：

1）车辆在行驶中禁止驾驶人调节座椅，以免座椅产生不测的移动而导致驾驶人对车辆失去控制。

2）调节座椅时，注意请勿让座椅撞到乘员或行李。

3）手动调节座椅前后位置完毕，须前后滑动，确认座椅已锁定。

4）调节完座椅靠背，将身体向后倚靠，确认座椅靠背已锁定。

5）请勿在座椅下放置物体，以免影响座椅锁定机构或意外地将座椅位置调节杆推向上方，造成座椅突然移动，导致驾驶人对车辆失去控制。

6）调节座椅时，手请勿放在座椅下边或靠近工作中的部件，以免轧伤手指。

7）测量坐垫深度时，座椅前后位置是滑轨行程最后位置，靠背设计角度为25°。

📋 工作计划

按照前面所了解的知识内容和小组内部讨论的结果，制订工作方案，包括资料查阅渠道的落实、任务实施任务中的内容分工等，完成表3-1-2。

表 3-1-2　工作方案表

步骤	工 作 内 容	负责人
1		
2		
3		
4		
5		

👥 进行决策

1）各组派代表阐述资料查询结果。

2）各组就各自的查询结果进行交流，并分享技巧。

3）教师结合各组完成的情况进行点评，并选出最佳方案。

🤝 任务实施

一、任务准备

1. 设备及工具准备

设备及工具准备见表3-1-3。

表 3-1-3　设备及工具准备

序　号	设备及工具名称	数　量
1	万用表	1台
2	绝缘防护套装	1套
3	绝缘工具套装	1套
4	常规工具套装	1套
5	比亚迪秦 EV 整车	1辆

2. 场地准备

1）任务实施前，需要做好场地防护准备，检查实训场地和设备设施是否存在安全隐患，如发现不正常的地方，需及时报告老师或实验员进行处理后，方可实施任务。

2）本实训任务用到实车，任务实施前需要在车辆周围围上隔离带，并摆上安全提示牌。

3. 安全防护准备

1）检测各个设备以及所需要器材是否完好。

2）涉及高压安全操作，务必做好充分防护操作。

4. 其他辅助准备

汽车维修手册、教材、实训工作页、笔。

二、实施步骤

比亚迪秦 EV 汽车前排座椅的调节如下：

1）上车后，前、后移动座椅位置调节开关，调节座椅前、后位置，使其到达最适合驾驶的位置。

2）上、下调节开关后端，可调节坐垫高低。

3）前、后摆动靠背角度调节开关，可调节靠背角度。

图 3-1-5 所示为比亚迪秦 EV 汽车座椅前后端调节按钮。

要求：熟悉比亚迪秦 EV 汽车座椅的调节方法。

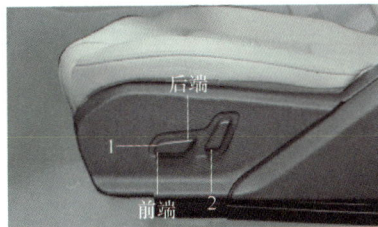

图 3-1-5 比亚迪秦 EV 汽车座椅前后端调节按钮

📋 评价反馈

1）各组代表展示汇报 PPT，介绍任务的完成过程。

2）以小组为单位，请对各组的操作过程与操作结果进行自评和互评，并将结果填入表 3-1-4 中。

表 3-1-4 学生评价表

姓名		学号			班级			组别		
实训任务										
评价项目	分值	等 级				评价对象（组别）							
		A	B	C	D	1	2	3	4	5	6	7	8
方案合理	20	20	15	10	5								
团队合作	20	20	15	10	5								
工作质量	20	20	15	10	5								
工作规范	20	20	15	10	5								
汇报展示	20	20	15	10	5								
合计	100	各组得分											
总结与反思													

（如：学习过程中遇到什么问题→如何解决的／解决不了的原因→心得体会）

3）教师对学生工作过程与工作结果进行评价，并将评价结果填入表 3-1-5 中。

表 3-1-5　教师对学生评价表

姓名			学号		班级		组别	
实训任务								
评价项目			评价标准				分值	得分
考勤（10%）			无迟到、早退和旷课的现象				10	
工作过程（60%）	知识目标	获取信息	掌握工作相关知识				10	
		进行决策	制订工作方案，方案合理可行				10	
	技能目标	任务实施	能够按照要求做好设备及工具准备 正确进行场地准备 做好安全防护准备和其他防护准备				5	
			理解实训操作顺序 能够按照正确的步骤进行操作				5	
			能够根据实训操作 做好完善的记录				5	
			正确完成全部实训操作 按要求进行 6S 整理				5	
	素养目标	工作态度	认真严谨、积极主动 安全生产、文明施工				5	
		团队合作	与小组成员和同学之间能合作交流，友好协调工作				5	
		工作质量	能按照工作方案操作 按计划完成工作任务				10	
项目成果（30%）		工作完整	能按时完成工作任务的所有环节				10	
		工作规范	能在整个操作过程中规范操作，避免意外事故的发生				10	
		汇报展示	能准确表达和汇报工作成果				10	
合计							100	
综合评价		学生评价（50%）		教师评价（50%）			综合得分	
综合评语		（作业过程中存在的问题及改进建议）						

任务二　座椅故障诊断与维修

任务目标

知识目标

1. 掌握比亚迪唐 DM 汽车的座椅故障定义及其解决措施。
2. 掌握座椅故障的分析以及排查方法。

技能目标

1. 具备从多途径的信息源中检索专业知识的能力。
2. 具备座椅故障诊断与检修的能力。

素养目标

1. 掌握分析问题和解决问题的基本方法。
2. 具有良好的团队协作精神和较强的组织沟通能力。
3. 具备良好的职业道德,尊重他人劳动,不窃取他人成果。

任务框图

任务导入

　　一辆比亚迪唐 DM 主驾座椅 ECU 出现了掉线故障,车主把车辆开到 4S 店进行维修。如果你是 4S 店的维修人员,你知道如何进行这类故障的诊断与排查吗?

任务分组

　　学生任务分配表见表 3-2-1。

表 3-2-1　学生任务分配表

班　级		组　号		指导老师	
组　长		学　号			
组　员	姓名：＿＿＿＿＿　学号：＿＿＿＿＿		姓名：＿＿＿＿＿　学号：＿＿＿＿＿		
	姓名：＿＿＿＿＿　学号：＿＿＿＿＿		姓名：＿＿＿＿＿　学号：＿＿＿＿＿		
	姓名：＿＿＿＿＿　学号：＿＿＿＿＿		姓名：＿＿＿＿＿　学号：＿＿＿＿＿		
	姓名：＿＿＿＿＿　学号：＿＿＿＿＿		姓名：＿＿＿＿＿　学号：＿＿＿＿＿		
任 务 分 工					

（就组织讨论、工具准备、数据采集、数据记录、安全监督、成果展示等工作内容进行任务分工）

🌐 获取信息

❓ **引导问题1**：以比亚迪唐DM为例，如果出现座椅ECU故障，该如何根据故障码定义，采取对应的故障解决措施呢？请你查阅相关资料，并写在下面的横线上。

＿＿＿＿＿＿＿＿＿＿＿＿＿＿＿＿＿＿＿＿＿＿＿＿＿＿＿＿＿＿＿＿＿＿＿＿＿＿＿

＿＿＿＿＿＿＿＿＿＿＿＿＿＿＿＿＿＿＿＿＿＿＿＿＿＿＿＿＿＿＿＿＿＿＿＿＿＿＿

🔧 **竞赛指南**

　　2022年全国职业院校技能大赛汽车技术赛项里的新能源汽车故障诊断与排除模块的故障范围包括围绕新能源汽车低压电源系统（含12V电源管理、无钥匙进入与起动、OBD诊断控制、仪表与警告装置、车载网络等）、高压控制系统（含动力电池管理、高压配电、电驱动控制、热管理、充电控制等）、车身电气系统（含照明控制、防盗及门锁控制、刮水洗涤控制、电动后视镜控制、车窗控制、座椅控制、暖风空调控制等）设置"低电压系统不正常""高电压系统不正常""车辆行驶系统不正常""车辆充电系统不正常""车身电气系统不正常"等多种常见的故障现象，进行检测分析并查找故障点（8~10处）。

💡 知识点提示

一、比亚迪唐DM座椅系统故障码及故障解决措施

　　当汽车座椅系统出现故障，可以遵循以下的操作规范：上电至ON档，用故障诊断仪扫描到故障码后进入对应ECU后清除故障码再读取故障码，确认是否为当前故障，然后参考以下相关表格解决相关问题，见表 3-2-2 和表 3-2-3。

表 3-2-2 副驾座椅 ECU 故障码

序号	故障码	故障码定义	故障解决措施
1	U028E87	与副驾座椅电动调节开关通信故障	更换副驾座椅调节开关
2	B18EC07	副驾座椅加热通风故障	更换座椅
3	U028E87	与 5 号开关组通信故障	更换 5 号开关
4	U014087	与 BCM 之间通信故障	恢复通信电路, 更换副驾座椅开关、更换 BCM

表 3-2-3 主驾座椅 ECU 故障码

序号	故障码	故障码定义	故障解决措施
1	B18E009	水平调节电机故障	更换水平调节电机
2	B18E109	靠背调节电机故障	更换靠背调节电机
3	B18E209	坐盆调节电机故障	更换坐盆调节电机
4	B18E309	高度调节电机故障	更换高度调节电机
5	B18E600	座椅未进行初始化	使用 VDS 进行初始化操作
6	U014087	与 BCM 失去通信	
7	U200A87	与左门控通信故障	参照"副驾座椅工作异常"维修
8	U200E87	与电动管柱 ECU 通信故障	参照"记忆系统"的"电动管柱异常"维修
9	U110387	与安全气囊之间通信故障	
10	U028D87	与主驾座椅电动调节开关通信故障	
11	U015587	与仪表失去通信故障	
12	U014687	与网关之间通信故障	
13	B18EB07	主驾座椅加热通风开关故障	更换主驾座椅加热通风开关
14	U200B87	与右门控通信故障	对主驾座椅功能无影响

> ❓ 引导问题 2: 新能源汽车比亚迪唐 DM 出现了座椅系统故障, 需要进行检修, 检修时
> 都需要参考哪些相关的内容呢? 请你查阅相关资料, 并写出可以参考的相关内容。
> _____
> _____

💡 知识点提示

二、比亚迪唐DM座椅系统故障检修

1. 比亚迪唐 DM 故障症状

通常情况下, 根据座椅系统出现的故障现象, 可以进行可疑部分的分析。表 3-2-4 所示为
比亚迪唐 DM 故障症状表, 可以参照部分进行具体部位的维修。

表 3-2-4　比亚迪唐 DM 故障症状表

故 障 现 象	可 疑 部 分	参 照 维 修 部 分
1）主驾座椅所有功能失效 2）使用诊断设备扫描不到"主驾座椅"模块	熔丝 主驾座椅 ECU 线束 网关控制器	主驾座椅掉线
1）按下主驾加热或通风键后对应按钮灯未点亮 2）调节功能和加热通风功能失效	熔丝 主驾座椅调节开关 线束 网关控制器	主驾座椅调节开关掉线
1）副驾座椅所有功能失效 2）使用诊断设备扫描不到"副驾座椅"模块	熔丝 主驾座椅 ECU 线束 网关控制器	副驾座椅掉线
1）按下副驾加热或通风键后对应按钮灯未点亮 2）调节功能和加热通风功能失效	熔丝 副驾座椅调节开关 线束 网关控制器	副驾座椅调节开关掉线

2. 主驾座椅插接件对应的端子检测表

出现主驾座椅系统故障时，需要对主驾座椅 K01 插接件进行检测，查看具体是哪里出现了问题。

比亚迪唐 DM 高配车主驾座椅插接件 K01 示意图如图 3-2-1 所示。高配车主驾座椅插接件 K01 检测表，其对应端子号的正常值参照表 3-2-5。检查的结果可以与表中的数据进行对照。

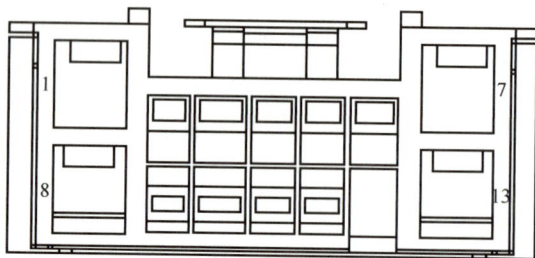

图 3-2-1　比亚迪唐 DM 高配车主驾座椅
插接件 K01 示意图

表 3-2-5　高配车主驾座椅插接件 K01 检测表

端 子 号	线 色	端 子 描 述	条 件	正 常 值
K01-1- 车身地	R	常电	始终	11~14V
K01-2- 车身地	B	撑腰模块接地	始终	<1Ω
K01-3- 车身地	P	CAN-H	始终	约为 2.5V
K01-4- 车身地	V	CAN-L	始终	约为 2.5V
K01-5- 车身地	—	预留	—	—
K01-6- 车身地	B	ECU 加热通风地	始终	<1Ω
K01-7- 车身地	B	地（所有电机地）	始终	<1Ω
K01-8- 车身地	R/L	ON 档电（加热通风，IG1）	上电至 ON 档	11~14V
K01-9- 车身地	Y	安全带带扣电源	—	—
K01-10- 车身地	B	安全带带扣地	始终	<1Ω

（续）

端 子 号	线　色	端 子 描 述	条　件	正 常 值
K01-11- 车身地	R/B	ON 档电（IG1 电）	上电至 ON 档	11~14V
K01-12- 车身地	B	信号地	始终	<1Ω
K01-13- 车身地	B	座椅风扇加热垫地	始终	<1Ω

比亚迪唐 DM 中配车主驾座椅插接件 K01 如图 3-2-2 所示。中配车主驾座椅插接件 K01 检测表，其对应端子号的正常值参照表 3-2-6。

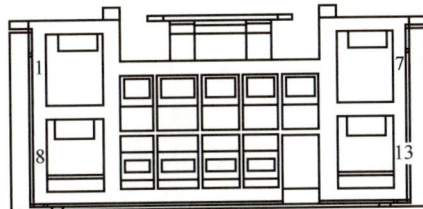

图 3-2-2　比亚迪唐 DM 中配车主驾座椅插接件 K01

表 3-2-6　中配车主驾座椅插接件 K01 检测表

端 子 号	线　色	端 子 描 述	条　件	正 常 值
K01-1- 车身地	R	常电	始终	11~14V
K01-2- 车身地	B	预留	—	—
K01-3- 车身地	P	CAN-H	始终	约为 2.5V
K01-4- 车身地	V	CAN-L	始终	约为 2.5V
K01-5- 车身地	—	预留	—	—
K01-6- 车身地	B	ECU 加热通风地	始终	<1Ω
K01-7- 车身地	B	地（所有电机地）	始终	<1Ω
K01-8- 车身地	R/L	ON 档电（加热通风，IG1）	上电至 ON 档	11~14V
K01-9- 车身地	Y	安全带带扣电源	—	—
K01-10- 车身地	B	安全带带扣地	始终	<1Ω
K01-11- 车身地	R/B	ON 档电（IG1 电）	上电至 ON 档	11~14V
K01-12- 车身地	B	信号地	始终	<1Ω
K01-13- 车身地	B	座椅风扇加热垫地	始终	<1Ω

比亚迪唐 DM 低配车主驾座椅插接件 K01 检测表，其对应端子号的正常值参照表 3-2-7。

表 3-2-7　低配车主驾座椅插接件 K01 检测表

端 子 号	线　色	端 子 描 述	条　件	正 常 值
K01-1- 车身地	R	常电	始终	11~14V
K01-2- 车身地	B	预留	—	—
K01-3- 车身地	P	CAN-H	始终	约为 2.5V
K01-4- 车身地	V	CAN-L	始终	约为 2.5V

（续）

端 子 号	线 色	端 子 描 述	条 件	正 常 值
K01-5- 车身地	—	预留	—	—
K01-6- 车身地	B	ECU 加热通风地	始终	<1Ω
K01-7- 车身地	B	地（所有电机地）	始终	<1Ω
K01-8- 车身地	R/L	预留	—	—
K01-9- 车身地	Y	安全带带扣电源		
K01-10- 车身地	B	安全带带扣地	始终	<1Ω
K01-11- 车身地	R/B	预留		
K01-12- 车身地	B	信号地	始终	<1Ω
K01-13- 车身地	B	预留	—	—

3. 副驾座椅插接件对应的端子检测表

比亚迪唐 DM 高配车副驾座椅插接件 K02 如图 3-2-3 所示。高配车副驾座椅插接件 K02 检测表，其对应端子号的正常值参照表 3-2-8。

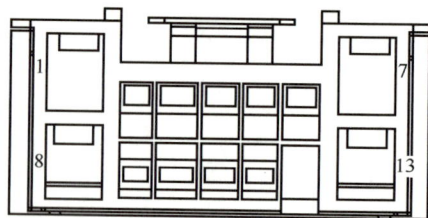

图 3-2-3　比亚迪唐 DM 高配车副驾座椅插接件 K02

表 3-2-8　高配车副驾座椅插接件 K02 检测表

端 子 号	线 色	端 子 描 述	条 件	正 常 值
K02-1- 车身地	R	常电	始终	11~14V
K02-2- 车身地	B	撑腰模块接地	始终	<1Ω
K02-3- 车身地	P	CAN-H	始终	约为 2.5V
K02-4- 车身地	V	CAN-L	始终	约为 2.5V
K02-5- 车身地	—	安全带报警传感器 +	—	—
K02-6- 车身地	B	ECU 加热通风地	始终	<1Ω
K02-7- 车身地	B	地（所有电机地）	始终	<1Ω
K02-8- 车身地	R/L	ON 档电（加热通风，IG1）	上电至 ON 档	11~14V
K02-9- 车身地	Y	安全带带扣电源	—	—
K02-10- 车身地	B	安全带带扣地、安全带报警地	始终	<1Ω
K02-11- 车身地	R/B	ON 档电（IG1 电）	始终	11~14V
K02-12- 车身地	B	信号地	始终	<1Ω
K02-13- 车身地	B	座椅风扇加热垫地	始终	<1Ω

比亚迪唐 DM 中配车副驾座椅插接件 K02 如图 3-2-4 所示。中配车副驾座椅插接件 K02 检测表，其对应端子号的正常值参照表 3-2-9。

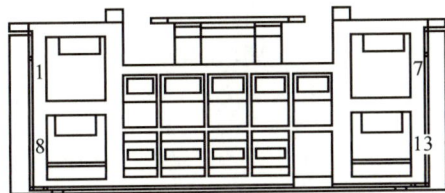

图 3-2-4　比亚迪唐 DM 中配车副驾座椅插接件 K02

表 3-2-9　中配车副驾座椅插接件 K02 检测表

端 子 号	线　色	端 子 描 述	条　件	正 常 值
K02-1- 车身地	R	常电	始终	11~14V
K02-2- 车身地	B	预留	—	—
K02-3- 车身地	P	CAN-H	始终	约为 2.5V
K02-4- 车身地	V	CAN-L	始终	约为 2.5V
K02-5- 车身地	—	安全带报警传感器 +	—	—
K02-6- 车身地	B	ECU 加热通风地	始终	<1Ω
K02-7- 车身地	B	地（所有电机地）	始终	<1Ω
K02-8- 车身地	R/L	ON 档电（加热通风，IG1）	上电至 ON 档	11~14V
K02-9- 车身地	Y	安全带带扣电源	—	—
K02-10- 车身地	B	安全带带扣地、安全带报警地	始终	<1Ω
K02-11- 车身地	R/B	ON 档电（IG1 电）	始终	11~14V
K02-12- 车身地	B	信号地	始终	<1Ω
K02-13- 车身地	B	座椅风扇加热垫地	始终	<1Ω

比亚迪唐 DM 低中配车副驾座椅插接件 K02 如图 3-2-5 所示。低中配车副驾座椅插接件 K02 检测表，其对应端子号的正常值参照表 3-2-10。

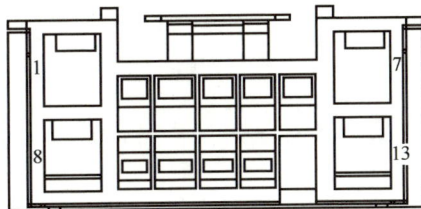

图 3-2-5　比亚迪唐 DM 低中配车副驾座椅插接件 K02

表 3-2-10　低中配车副驾座椅插接件 K02 检测表

端 子 号	线　色	端 子 描 述	条　件	正 常 值
K02-1- 车身地	R	常电	始终	11~14V
K02-2- 车身地	B	预留	—	—
K02-3- 车身地	P	CAN-H	始终	约为 2.5V
K02-4- 车身地	V	CAN-L	始终	约为 2.5V
K02-5- 车身地	—	安全带报警传感器 +	—	—

（续）

端 子 号	线 色	端 子 描 述	条 件	正 常 值
K02-6- 车身地	B	ECU 加热通风地	始终	<1Ω
K02-7- 车身地	B	地（所有电机地）	始终	<1Ω
K02-8- 车身地	R/L	预留	—	—
K02-9- 车身地	Y	安全带带扣电源	—	—
K02-10- 车身地	B	安全带带扣地、安全带报警地	始终	<1Ω
K02-11- 车身地	R/B	预留	—	—
K02-12- 车身地	B	信号地	始终	<1Ω
K02-13- 车身地	B	预留	—	—

4. 右门控插接件 U12B 检测表

比亚迪唐DM右门控插接件U12B如图3-2-6所示。右门控插接件 U12B 检测表，其对应端子号的正常值参照表3-2-11。

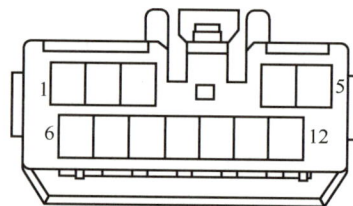

图 3-2-6　比亚迪唐 DM 右门控插接件 U12B

表 3-2-11　右门控插接件 U12B 检测表

端 子 号	线 色	端 子 描 述	条 件	正 常 值
U12B-1- 车身地	B	地	始终	11~14V
U12B-2- 车身地	—	预留	—	—
U12B-3- 车身地	R	常电	始终	11~14V
U12B-4- 车身地	V	CAN-L	始终	约为 2.5V
U12B-5- 车身地	—	预留	—	—
U12B-6- 车身地	Br	侧转向灯信号输入端	始终	<1Ω
U12B-7- 车身地	R	常电	始终	<1Ω
U12B-8- 车身地	R	IG1 电	上电至 ON 档	11~14V
U12B-9- 车身地	P	CAN-H	始终	约为 2.5V
U12B-10- 车身地	V	CAN-L	始终	约为 2.5V
U12B-11- 车身地	R/B	CAN-H	始终	约为 2.5V
U12B-12- 车身地	—	预留	—	—

5. 左门控插接件 T12B 检测表

比亚迪唐DM左门控插接件T12B如图3-2-7所示。左门控插接件 T12B 检测表，其对应端子号的正常值参照表3-2-12。

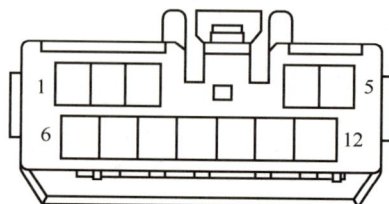

图 3-2-7　比亚迪唐 DM 左门控插接件 T12B

姓名	班级	日期

表 3-2-12　左门控插接件 T12B 检测表

端 子 号	线 色	端 子 描 述	条 件	正 常 值
T12B-1- 车身地	B	地	始终	11~14V
T12B-2- 车身地	—	预留	—	—
T12B-3- 车身地	R	常电	始终	11~14V
T12B-4- 车身地	V	CAN-L	始终	约为 2.5V
T12B-5- 车身地	—	预留	—	—
T12B-6- 车身地	Br	侧转向灯信号输入端	始终	<1Ω
T12B-7- 车身地	R	常电	始终	<1Ω
T12B-8- 车身地	R	IG1 电	上电至 ON 档	11~14V
T12B-9- 车身地	P	CAN-H	始终	约为 2.5V
T12B-10- 车身地	V	预留	—	—
T12B-11- 车身地	P	预留	—	—
T12B-12- 车身地	—	预留	—	—

6. 主驾座椅开关插接件 T20 检测表

比亚迪唐 DM 主驾座椅开关插接件 T20 如图 3-2-8 所示。主驾座椅开关插接件 T20 检测表，其对应端子号的正常值参照表 3-2-13。

图 3-2-8　比亚迪唐 DM 主驾座椅开关插接件 T20

表 3-2-13　主驾座椅开关插接件 T20 检测表

端 子 号	线 色	端 子 描 述	条 件	正 常 值
T20-1- 车身地	R	常电	始终	11~14V
T20-2- 车身地	B	地	始终	<1Ω
T20-3- 车身地	P	CAN-H	始终	约为 2.5V
T20-4- 车身地	V	CAN-L	始终	约为 2.5V
T20-5- 车身地	R/B	背光 +	ON 档	—
T20-6- 车身地	B/W	背光 -	ON 档	—

7. 副驾座椅开关插接件 U20 检测表

比亚迪唐 DM 副驾座椅开关插接件 U20 如图 3-2-9 所示。副驾座椅开关插接件 U20 检测表，其对应端子号的正常值参照表 3-2-14。

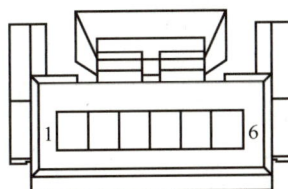

图 3-2-9　比亚迪唐 DM 副驾座椅开关插接件 U20

表 3-2-14　副驾座椅开关插接件 U20 检测表

端 子 号	线 色	端 子 描 述	条 件	正 常 值
U20-1- 车身地	R	常电	始终	11~14V
U20-2- 车身地	B	地	始终	<1Ω
U20-3- 车身地	P	CAN-H	始终	约为 2.5V
U20-4- 车身地	V	CAN-L	始终	约为 2.5V
U20-5- 车身地	R/B	背光 +	ON 档	—
U20-6- 车身地	B/W	背光 –	ON 档	—

工作计划

　　按照前面所了解的知识内容和小组内部讨论的结果，制订工作方案，包括资料查阅渠道的落实、任务实施任务中的内容分工等，完成表 3-2-15。

表 3-2-15　工作方案表

步骤	工 作 内 容	负责人
1		
2		
3		
4		
5		

进行决策

　　1）各组派代表阐述资料查询结果。

　　2）各组就各自的查询结果进行交流，并分享技巧。

　　3）教师结合各组完成的情况进行点评，并选出最佳方案。

任务实施

座椅故障
检修

一、任务准备

1. 设备及工具准备

设备及工具准备见表 3-2-16。

表 3-2-16　设备及工具准备

序 号	设备及工具名称	数 量
1	万用表	1 台
2	绝缘防护套装	1 套
3	绝缘工具套装	1 套
4	常规工具套装	1 套
5	比亚迪秦 EV 整车	1 辆

2. 场地准备

1）任务实施前，需要做好场地防护准备，检查实训场地和设备设施是否存在安全隐患，如发现不正常的地方，需及时报告老师或实验员进行处理后，方可实施任务。

2）本实训任务用到实车，任务实施前需要在车辆周围围上隔离带，并摆上安全提示牌。

3. 安全防护准备

1）检测各个设备以及所需要器材是否完好。

2）涉及高压安全操作，务必做好充分防护操作。

4. 其他辅助准备

汽车维修手册、教材、实训工作页、笔。

二、实施步骤

主驾座椅 ECU 掉线故障检测如下：

1）使用故障诊断仪对整车进行扫描，查看主驾座椅是否为灰色不可选中状态。若否，可以进入相对应的模块诊断界面；若是，故障为"主驾座椅 ECU 掉线"。

2）检查主驾座椅熔丝，使用万用表检测 F2/27 和 F2/25 熔丝是否正常导通。若不能正常导通，需更换熔丝插片。

3）检查主驾座椅插接件 K01 的电源及地线线束。主驾座椅插接件 K01 示意图如图 3-2-10 所示。断开主驾座椅插接件 K01，测量线束端插接件。其对应端子号的正常值参照表 3-2-17。

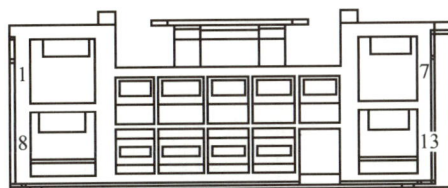

图 3-2-10　主驾座椅插接件 K01 示意图

表 3-2-17　主驾座椅插接件 K01 正常值对照表

端 子 号	线 色	测 试 条 件	正 常 情 况
K01-1- 车身地	R	始终	11~14V
K01-8- 车身地	R/L	上电至 ON 档	11~14V
K01-11- 车身地	R/B	上电至 ON 档	11~14V
K01-2- 车身地	B	始终	<1Ω
K01-6- 车身地	B	始终	<1Ω
K01-7- 车身地	B	始终	<1Ω
K01-10- 车身地	B	始终	<1Ω
K01-12- 车身地	B	始终	<1Ω
K01-13- 车身地	B	始终	<1Ω

若测量数值与表 3-2-17 中的数值不相符，则检查或更换线束。

4）若测量数值正常，则检查主驾座椅 ECU，或临时更换一个新的座椅 ECU，使用故障诊断仪查看主驾座椅是否在线。若主驾座椅 ECU 在线，则检查结束。

5）主驾座椅 ECU 仍处于掉线状态，则检查网关控制器。若网关控制器损坏，则更换网关控制器。

评价反馈

1）各组代表展示汇报 PPT，介绍任务的完成过程。

2）以小组为单位，请对各组的操作过程与操作结果进行自评和互评，并将结果填入表 3-2-18 中。

表 3-2-18　学生评价表

姓名		学号			班级			组别				
实训任务												
评价项目	分值	等　级				评价对象（组别）						
		A	B	C	D	1	2	3	4	5	6	7	8
方案合理	20	20	15	10	5								
团队合作	20	20	15	10	5								
工作质量	20	20	15	10	5								
工作规范	20	20	15	10	5								
汇报展示	20	20	15	10	5								
合计	100	各组得分											
总结与反思												

（如：学习过程中遇到什么问题→如何解决的 / 解决不了的原因→心得体会）

3）教师对学生工作过程与工作结果进行评价，并将评价结果填入表 3-2-19 中。

表 3-2-19　教师对学生评价表

姓名			学号	班级		组别		
实训任务								
评价项目			评价标准				分值	得分
考勤（10%）			无迟到、早退和旷课的现象				10	
工作过程（60%）	知识目标	获取信息	掌握工作相关知识				10	
		进行决策	制订工作方案，方案合理可行				10	

| 姓名 | | 班级 | | 日期 | |

（续）

评价项目			评价标准	分值	得分
工作过程（60%）	技能目标	任务实施	能够按照要求做好设备及工具准备 正确进行场地准备 做好安全防护准备和其他防护准备	5	
			理解实训操作顺序 能够按照正确的步骤进行操作	5	
			能够根据实训操作 做好完善的记录	5	
			正确完成全部实训操作 按要求进行 6S 整理	5	
	素养目标	工作态度	认真严谨、积极主动 安全生产、文明施工	5	
		团队合作	与小组成员和同学之间能合作交流，友好协调工作	5	
		工作质量	能按照工作方案操作 按计划完成工作任务	10	
项目成果（30%）		工作完整	能按时完成工作任务的所有环节	10	
		工作规范	能在整个操作过程中规范操作，避免意外事故的发生	10	
		汇报展示	能准确表达和汇报工作成果	10	
合计				100	

综合评价	学生评价（50%）	教师评价（50%）	综合得分
综合评语	（作业过程中存在的问题及改进建议）		

情智课堂

政策对新能源汽车发展的影响

2022 年 7 月 29 日，国务院召开的常务会议明确提出，延续免征新能源汽车购置税政策。这是我国第三次对免征新能源汽车购置税政策进行延长。2014 年，我国首次实施免征新能源汽车购置税政策，随后，该政策在 2017 年和 2020 年两次得到延长。

毋庸置疑，免征新能源汽车购置税等政策在推广普及新能源汽车、扩大新能源汽车市场规模的过程中发挥了重要作用。从该政策实施第二年起，我国新能源汽车销量已连续 7 年位居全球第一。随着新能源汽车进入规模化快速发展阶段，稳定和扩大新能源汽车消费成为保障汽车产业平稳发展的一个重要途径。

继续免征新能源汽车购置税政策，利好的不仅是车企和消费者。扩大新能源汽车消费还将进一步推进产业升级，带动配套产业的发展。有分析认为，在新能源汽车赛道热度持续的背景下，资本、技术不断涌入，产业链有望迎来更多技术迭代，产品供给质量有望进一步提升。随着新能源汽车保有量的不断提升，在强烈的市场需求驱动下，充电、换电、售后、维修、维护以及动力蓄电池回收等新能源汽车配套产业发展步伐也将加快。有机构预测，这一市场未来将呈爆发式增长，预计到 2030 年产值规模将达 1000 亿元。

新能源汽车是汽车行业未来的发展方向，国家出台了许多政策来帮助新能源汽车产业发展，同学们要对新能源汽车行业的发展有信心，对自己未来所从事的职业有信心。同学们是社会主义事业的建设者和接班人，是推动中国特色社会主义建设的重要力量，希望大家刻苦学习、增长本领，能以昂扬的姿态投入中华民族伟大复兴的建设中。

项目四
新能源汽车刮水器检修

任务一　刮水器原理认知

任务目标

知识目标
1. 掌握刮水器洗涤系统的基本组成及功能。
2. 熟悉刮水器洗涤组件的安装位置。
3. 了解刮水器洗涤系统的控制方法。

技能目标
1. 具备从多途径的信息源中检索专业知识的能力。
2. 具备控制刮水器洗涤按钮使用的能力和进行刮水器洗涤部件检查的能力。

素养目标
1. 获得分析问题和解决问题的基本方法。
2. 具有良好的团队协作精神和较强的组织沟通能力。
3. 具备良好的职业道德,尊重他人劳动,不窃取他人成果。

任务框图

任务导入

　　客户小李购买了一辆比亚迪秦 EV 汽车，使用两年后，发现刮水器刮水不够干净。小李把车送到 4S 店，希望对汽车刮水器进行维护与检修。请问，如果你是 4S 店的维修人员，你能根据刮水器的工作原理进行刮水器洗涤系统的维护与检修吗？主要检查都包含哪些方面呢？

任务分组

　　学生任务分配表见表 4-1-1。

表 4-1-1　学生任务分配表

班　　级		组　　号		指 导 老 师	
组　　长		学　　号			
组　　员	姓名：＿＿＿＿＿ 学号：＿＿＿＿＿			姓名：＿＿＿＿＿ 学号：＿＿＿＿＿	
	姓名：＿＿＿＿＿ 学号：＿＿＿＿＿			姓名：＿＿＿＿＿ 学号：＿＿＿＿＿	
	姓名：＿＿＿＿＿ 学号：＿＿＿＿＿			姓名：＿＿＿＿＿ 学号：＿＿＿＿＿	
	姓名：＿＿＿＿＿ 学号：＿＿＿＿＿			姓名：＿＿＿＿＿ 学号：＿＿＿＿＿	
任 务 分 工					

（就组织讨论、工具准备、数据采集、数据记录、安全监督、成果展示等工作内容进行任务分工）

获取信息

　　引导问题 1：我们都知道汽车刮水器洗涤系统是汽车的重要组成部分，那你知道刮水器洗涤系统的主要组成部件有哪些吗？请你对新能源汽车的刮水器洗涤系统做一个简单的介绍。

＿＿＿

＿＿＿

知识点提示

一、刮水器洗涤系统概述

　　刮水器是汽车的主要安全装置之一，它能够在雪天或雨天时将车窗上的雨滴和雪花清除，将飞溅到前风窗玻璃上的泥水刮净，保证驾驶人的视线，确保车辆行驶的安全性。

前风窗玻璃刮水器和洗涤系统主要由刮水器臂总成、刮水器连杆机构、刮水器片、刮水器电机、洗涤泵、洗涤液壶、洗涤管及喷嘴等部件组成，刮水器有间歇档、慢速档和快速档等不同档位刮水功能。前风窗玻璃刮水器和洗涤系统主要是为驾驶人提供方便、安全、可靠的手段，来保证风窗玻璃的视野。图 4-1-1 所示为汽车刮水器电机与洗涤电机的位置以及刮水器开关位置示意图。

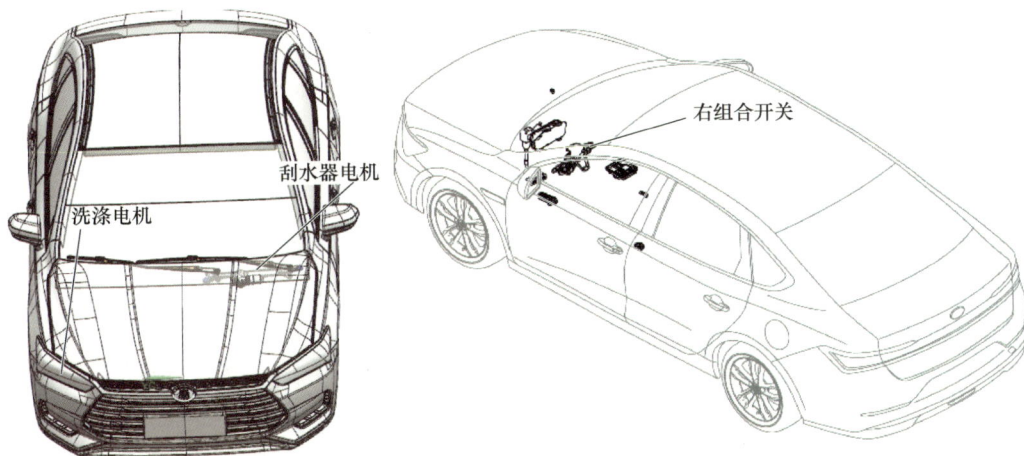

图 4-1-1　汽车刮水器电机与洗涤电机的位置以及刮水器开关位置示意图

❓ 引导问题 2：我们现在已经对新能源汽车的刮水器洗涤系统有了一定的了解，那你知道刮水器洗涤系统是如何被网关控制器进行信号控制和电压控制的吗？请你画出简单的控制电路。

_____

_____

_____

💡 **知识点提示**

二、刮水器洗涤系统信号控制

前舱配电盒给 BCM 供电，按下起动开关后，将刮水器开关拧至低速档位时，组合开关信号通过舒适网 1 与 BCM 进行通信，BCM 将刮水器速度控制继电器从高电平拉低至低电平，控制刮水器电机低速运转，当档位调节至高速档位时，刮水器电机高速运转；当前风窗玻璃视野不清晰时，只需要将刮水器组合开关向上提几秒，此时就会控制洗涤电机工作，将玻璃清洗液喷至前风窗玻璃上，刮水器会同时以低速运转。图 4-1-2 所示为刮水器洗涤系统的网关控制信号控制图，从图中可以看出，当一个常电信号给到洗涤电机继电器时，继电器吸合，进而洗涤水泵通电进行工作。其他部分的分析和处理与此相类似。

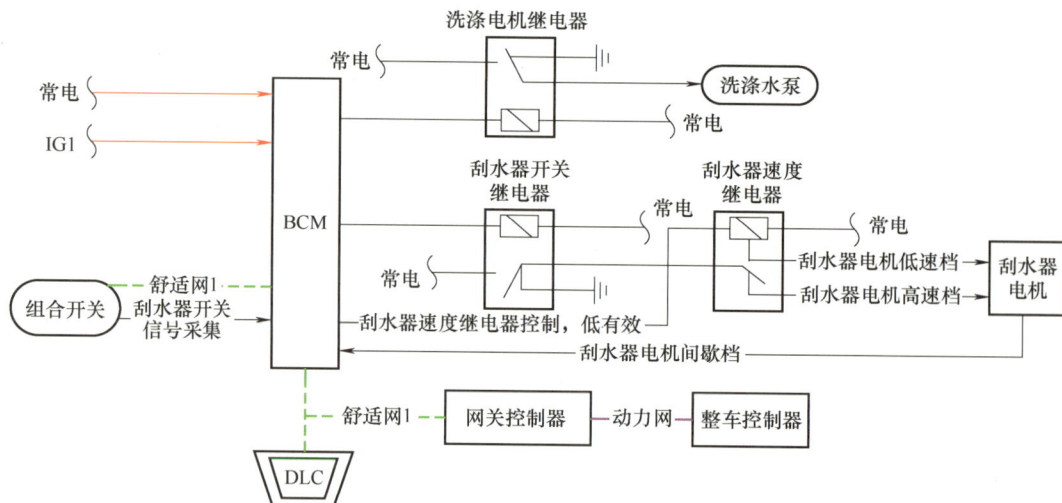

图 4-1-2　刮水器洗涤系统的网关控制信号控制图

❓ **引导问题 3**：面对不同的情况，需要将刮水器洗涤系统调到不同的档位，请简述各档位下的刮水器电机的工作情景。

_____

_____

💡 知识点提示

三、刮水器洗涤系统档位控制

洗涤器是向前风窗玻璃上喷水，而刮水器是将风窗玻璃刮拭干净，确保驾驶人有良好的视线，保证行车安全。刮水器及洗涤器开关一般安装在转向盘的右下方。图 4-1-3 所示为洗涤器开关。

刮水器和洗涤器开关有以下几个档位：

1）OFF 关闭档位。当刮水器的开关置于 OFF 档时，自动回位装置与刮水器电机关闭档接通，转到一定角度时刮水器电机停止工作。

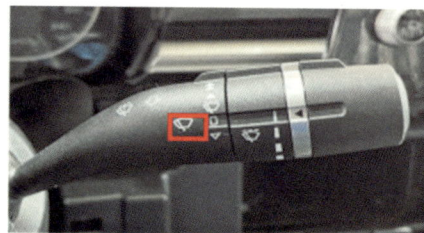

图 4-1-3　洗涤器开关

2）刮水器间歇档位。刮水器开关往下拨一档时，自动回位装置与刮水器电机的低速档接通，同时电源与间歇继电器一端接通，刮水器进入间歇工作状态。同时，向下旋转刮水器开关，刮水器间歇工作的时间越短，图 4-1-4 所示为刮水器间歇档开关。

3）刮水器开关往上拨两档为低速档。电源与刮水器电机的低速档接通，刮水器电机低速工作，图 4-1-5 所示为刮水器低速档开关位置。

4）刮水器开关往上拨三档为高速档。电源与刮水器电机的高速档接通，刮水器电机高速工作，图 4-1-6 所示为刮水器高速档开关位置。

5）刮水器开关置于 OFF 档向上提开关，刮水器电机与低速档接通，刮水器电机短促运转，洗涤电机向前风窗玻璃喷清洗液对玻璃进行洗涤，图 4-1-7 所示为刮水器关闭的位置。

姓名	班级	日期

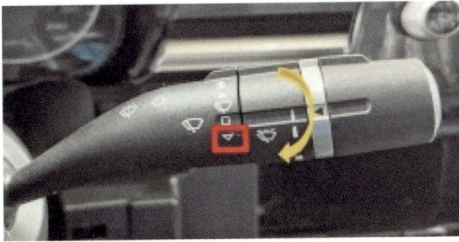

图 4-1-4　刮水器间歇档开关

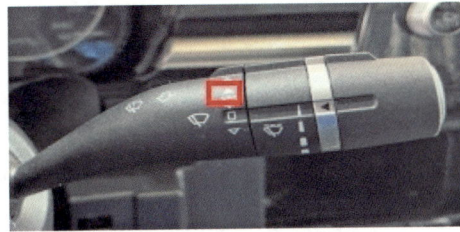

图 4-1-5　刮水器低速档开关位置

图 4-1-6　刮水器高速档开关位置

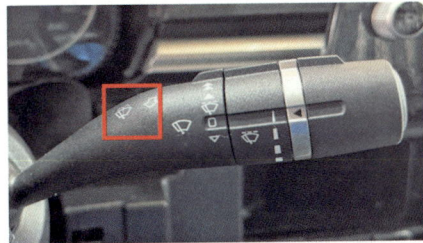

图 4-1-7　刮水器关闭的位置

工作计划

　　按照前面所了解的知识内容和小组内部讨论的结果，制订工作方案，包括资料查阅渠道的落实、任务实施任务中的内容分工等，完成表 4-1-2。

表 4-1-2　工作方案表

步骤	工 作 内 容	负责人
1		
2		
3		
4		
5		

进行决策

　　1）各组派代表阐述资料查询结果。

　　2）各组就各自的查询结果进行交流，并分享技巧。

　　3）教师结合各组完成的情况进行点评，并选出最佳方案。

任务实施

一、任务准备

　　1. 设备及工具准备

　　设备及工具准备见表 4-1-3。

表 4-1-3　设备及工具准备

表 4-1-3　设备及工具准备

序　号	设备及工具名称	数　量
1	数字万用表	1 台
2	绝缘防护套装	1 套
3	绝缘工具套装	1 套
4	常规工具套装	1 套
5	比亚迪秦 EV 整车	1 辆

2. 场地准备

1）任务实施前，需要做好场地防护准备，检查实训场地和设备设施是否存在安全隐患，如发现不正常的地方，需及时报告老师或实验员进行处理后，方可实施任务。

2）本实训任务用到实车，任务实施前需要在车辆周围围上隔离带，并摆上安全提示牌。

3. 安全防护准备

1）检测各个设备以及所需要器材是否完好。

2）涉及高压安全操作，务必做好充分防护操作。

4. 其他辅助准备

汽车维修手册、教材、实训工作页、笔。

二、实施步骤

比亚迪秦 EV 刮水器洗涤系统信号的测量如下：

1）检查组合开关电源线束，断开组合开关 G02 插接件（图 4-1-8），打开起动开关检查各端子的电压，标准值见表 4-1-4。

图 4-1-8　断开组合开关 G02 插接件

表 4-1-4　G02 插接件相关端子标准值

端　子　号	线　色	正常值 / V
G02-5- 车身地	L/W	11~14
G02-6- 车身地	L/B	11~14
G02-3- 车身地	B	小于 1

2）检查组合开关，不断开 G02 插接件，打开起动开关检查各端子数值，标准值见表 4-1-5。

| 姓名 | | 班级 | | 日期 | |

表 4-1-5　G02 插接件相关端子标准值

端 子 号	线 色	条 件	正常值 /V
G02-8- 车身地	G/R	组合开关打到 HI 档	小于 1
G02-1- 车身地	P	始终	2.5
G02-2- 车身地	V	始终	2.5

3）检查组合开关 CAN 通信，断开 G02 插接件，断开辅助蓄电池负极，用万用表测量 G02-1 和 G02-2 之间的电阻值，标准值为 60Ω。测量 G02-1 与 GND 之间的电阻和 G02-2 与 GND 之间的电阻，标准值 >10kΩ。

评价反馈

1）各组代表展示汇报 PPT，介绍任务的完成过程。

2）以小组为单位，请对各组的操作过程与操作结果进行自评和互评，并将结果填入表 4-1-6 中。

表 4-1-6　学生评价表

姓名		学号			班级			组别		
实 训 任 务										
评 价 项 目	分值	等　级				评价对象（组别）								
		A	B	C	D	1	2	3	4	5	6	7	8
方案合理	20	20	15	10	5								
团队合作	20	20	15	10	5								
工作质量	20	20	15	10	5								
工作规范	20	20	15	10	5								
汇报展示	20	20	15	10	5								
合计	100	各组得分												
总结与反思														

（如：学习过程中遇到什么问题→如何解决的 / 解决不了的原因→心得体会）

3）教师对学生工作过程与工作结果进行评价，并将评价结果填入表4-1-7中。

表4-1-7　教师对学生评价表

姓名			学号		班级		组别	
实训任务								
评价项目			评价标准				分值	得分
考勤（10%）			无迟到、早退和旷课的现象				10	
工作过程（60%）	知识目标	获取信息	掌握工作相关知识				10	
		进行决策	制订工作方案，方案合理可行				10	
	技能目标	任务实施	能够按照要求做好设备及工具准备 正确进行场地准备 做好安全防护准备和其他防护准备				5	
			理解实训操作顺序 能够按照正确的步骤进行操作				5	
			能够根据实训操作 做好完善的记录				5	
			正确完成全部实训操作 按要求进行6S整理				5	
	素养目标	工作态度	认真严谨、积极主动 安全生产、文明施工				5	
		团队合作	与小组成员和同学之间能合作交流，友好协调工作				5	
		工作质量	能按照工作方案操作 按计划完成工作任务				10	
项目成果（30%）		工作完整	能按时完成工作任务的所有环节				10	
		工作规范	能在整个操作过程中规范操作，避免意外事故的发生				10	
		汇报展示	能准确表达和汇报工作成果				10	
合计							100	
综合评价		学生评价（50%）		教师评价（50%）			综合得分	
综合评语		（作业过程中存在的问题及改进建议）						

任务二 刮水器故障诊断与维修

🎯 任务目标

知识目标

1. 掌握故障现象的分析方法，判断可能出现故障的部位。
2. 掌握起动系统各组件的结构和功能。
3. 掌握集成式车身控制器的功能和安装位置。
4. 掌握处理刮水器电机不工作故障排除的方法，能够进行刮水器总成的安装。

技能目标

1. 具备从多途径的信息源中检索专业知识的能力。
2. 具备能够独立完成刮水器洗涤系统的检查和简单故障原因分析的能力。

素养目标

1. 掌握分析解决问题以及多元化思考解决问题的方法，形成创新意识。
2. 具有良好的团队协作精神和较强的组织沟通能力。
3. 具备良好的职业道德，尊重他人劳动，不窃取他人成果。

🔀 任务框图

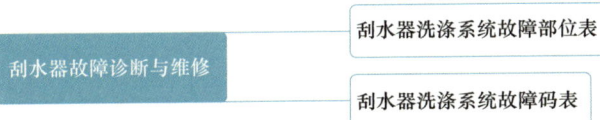

📂 任务导入

　　前风窗玻璃刮水器是将前风窗玻璃刮拭干净，而洗涤系统主要是向前风窗玻璃喷清洗液，刮水器风窗玻璃刮拭干净，为驾驶人提供开阔的视野，它是车辆非常重要的一部分。一辆比亚迪秦 EV 汽车在进行维修时，出现按下起动开关后，打开刮水器控制开关高、低速档，刮水器电机不工作。如果你是 4S 店的维修人员，当刮水器洗涤系统出现了这样的故障时，该怎么进行故障的诊断排查和具体操作呢？

👥 任务分组

　　学生任务分配表见表 4-2-1。

表 4-2-1　学生任务分配表

班　级		组　号		指导老师	
组　长		学　号			
组　员	姓名：_____　学号：_____		姓名：_____　学号：_____		
	姓名：_____　学号：_____		姓名：_____　学号：_____		
	姓名：_____　学号：_____		姓名：_____　学号：_____		
	姓名：_____　学号：_____		姓名：_____　学号：_____		
任 务 分 工					

（就组织讨论、工具准备、数据采集、数据记录、安全监督、成果展示等工作内容进行任务分工）

获取信息

❓ 引导问题 1：如果在进行新能源汽车刮水器洗涤系统检查的过程中，发现其有故障不能正常工作，你能简单判断可能出现故障的部位吗？如刮水器洗涤系统都不工作时，可能出现故障的部位是哪些？请你进行简单的阐述。

_____

_____

知识点提示

一、刮水器洗涤系统故障部位表

在进行汽车刮水器洗涤系统的检查时，可以根据汽车出现的故障现象类型的不同，参照表 4-2-2 来判断可能出现故障的部件，方便更有针对性地进行故障的检查与排除。

表 4-2-2　刮水器洗涤系统故障部位表

故障现象	可能故障部件
刮水器洗涤系统都不工作	1）组合开关控制电路 2）BCM 3）熔丝 4）洗涤电机 5）前舱配电盒

（续）

故障现象	可能故障部件
前刮水器电机不工作	1）熔丝 2）前刮水器电机电路 3）组合开关控制电路 4）前舱配电盒 5）BCM
前刮水器电机在某个档位不工作（其他档位正常）	1）组合开关 2）前刮水器电机
前刮水器电机不能复位	1）前刮水器电机 2）线束 3）BCM
前洗涤电机不工作	1）熔丝 2）前洗涤电机电路 3）组合开关控制电路

二、刮水器洗涤系统故障码表

在比亚迪秦 EV 车辆中，刮水器洗涤系统如果出现故障，通常会出现表 4-2-3 所示的几个故障码，参照表 4-2-3 了解其含义和故障出现的区域，对出现的故障进行检查与排除。

表 4-2-3　刮水器洗涤系统故障码表

故障码	含义	故障区域
B1BE1	风窗玻璃刮水器信号错误	刮水器电机、线束
B1BE2	刮水器开关故障	组合开关、线束
B1BE3	刮水器复位信号故障	刮水器电机、线束

工作计划

按照前面所了解的知识内容和小组内部讨论的结果，制订工作方案，包括资料查阅渠道的落实、任务实施任务中的内容分工等，完成表 4-2-4。

表 4-2-4　工作方案表

步骤	工作内容	负责人
1		
2		
3		
4		
5		

进行决策

1）各组派代表阐述资料查询结果。

2）各组就各自的查询结果进行交流，并分享技巧。

3）教师结合各组完成的情况进行点评，并选出最佳方案。

任务实施

刮水器故障
检修

一、任务准备

1. 设备及工具准备

设备及工具准备见表4-2-5。

表4-2-5　设备及工具准备

序　号	设备及工具名称	数　量
1	数字万用表	1台
2	示波器	1台
3	绝缘防护套装	1套
4	常规工具套装	1套
5	比亚迪秦 EV 整车	1辆

2. 场地准备

1）任务实施前需要做好场地防护准备，检查实训场地和设备设施是否存在安全隐患，如不正常需进行处理后，方可实施任务。

2）本实训任务用到实车，任务实施前需要在车辆周围围上隔离带，并摆上安全提示牌。

3. 安全防护准备

1）检测各个设备以及所需要器材是否完好。

2）涉及高压安全操作，务必做好充分防护操作。

4. 其他辅助准备

汽车维修手册、教材、实训工作页、笔。

二、实施步骤

在进行新能源汽车维护的过程中，出现按下起动开关后，打开刮水器控制开关高、低速档，刮水器电机不工作的情况，可以通过以下操作进行故障的排除，具体操作方法如下：

1）查询刮水器电动机控制电气原理图，如图4-2-1所示。测量组合开关 G02-5 与 GND、G02-6 之间的电压值，标准值为 12V，正常。

2）打开刮水器开关高速档，测量组合开关 G02-8 与 GND 之间的电压，标准值 <1V，异常。

3）更换组合开关，连接故障诊断仪，扫描故障，清除故障码。

刮水器总成的拆装步骤如下：

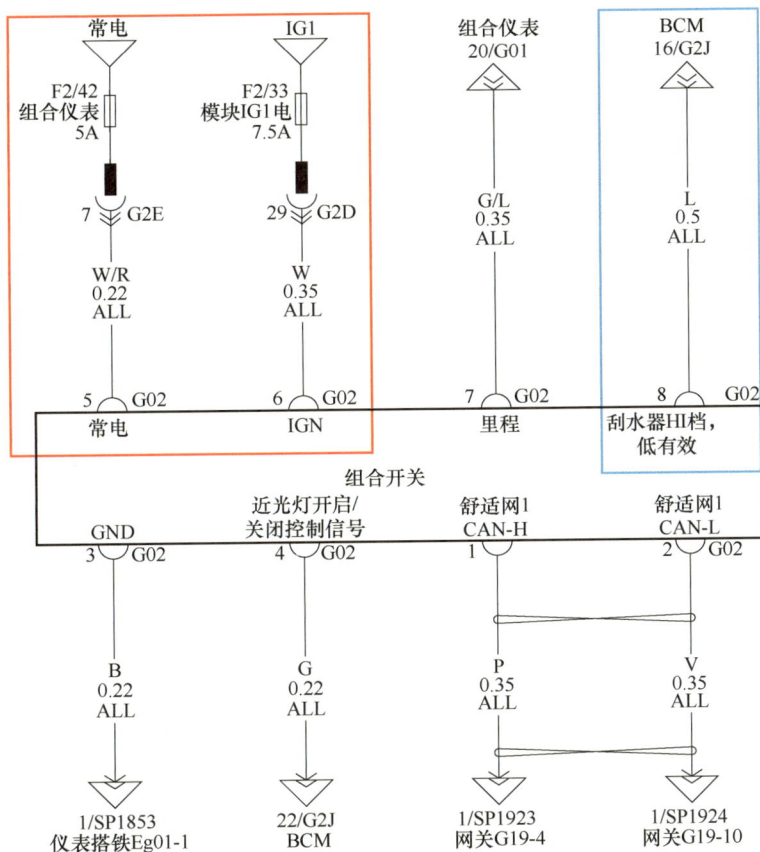

图 4-2-1　刮水器电动机控制电气原理图

1. 刮水器总成的拆卸

1）拆下左右刮水器臂固定螺母保护帽，松开刮水器臂固定螺母。

2）拆卸前通风盖板。

3）断开刮水器电机端的插接件，用 10 号套筒拆卸刮水器电机两颗固定螺栓，取下刮水器电机总成（注意：拆卸刮水器电机时必须先断开电机端的插接件，否则有可能意外接通后引起安全事故）。

4）目测观察刮水器片是否有老化的现象，若有，要及时更换。

2. 刮水器总成的安装

1）将刮水器电机对准安装孔位，用 10 号套筒拧紧两颗固定螺栓，安装刮水器电机端的插接件。

2）将两支刮水器臂安装在固定孔位中，拧紧固定螺母。

3）安装前通风盖板及刮水器臂固定螺母保护帽。

评价反馈

1）各组代表展示汇报 PPT，介绍任务的完成过程。

2）以小组为单位，请对各组的操作过程与操作结果进行自评和互评，并将结果填入表 4-2-6 中。

表 4-2-6　学生评价表

姓名		学号			班级			组别					
实训任务													
评价项目	分值	等级				评价对象（组别）							
		A	B	C	D	1	2	3	4	5	6	7	8
方案合理	20	20	15	10	5								
团队合作	20	20	15	10	5								
工作质量	20	20	15	10	5								
工作规范	20	20	15	10	5								
汇报展示	20	20	15	10	5								
合计	100	各组得分											
总结与反思													

（如：学习过程中遇到什么问题→如何解决的 / 解决不了的原因→心得体会）

3）教师对学生工作过程与工作结果进行评价，并将评价结果填入表 4-2-7 中。

表 4-2-7　教师对学生评价表

姓名			学号	班级		组别		
	实训任务							
	评价项目		评价标准				分值	得分
	考勤（10%）		无迟到、早退和旷课的现象				10	
工作过程（60%）	知识目标	获取信息	掌握工作相关知识				10	
		进行决策	制订工作方案，方案合理可行				10	
	技能目标	任务实施	能够按照要求做好设备及工具准备 正确进行场地准备 做好安全防护准备和其他防护准备				5	
			理解实训操作顺序 能够按照正确的步骤进行操作				5	
			能够根据实训操作 做好完善的记录				5	
			正确完成全部实训操作 按要求进行 6S 整理				5	

（续）

评价项目			评价标准	分值	得分
工作过程 （60%）	素养目标	工作态度	认真严谨、积极主动 安全生产、文明施工	5	
		团队合作	与小组成员和同学之间能合作交流，友好协调工作	5	
		工作质量	能按照工作方案操作 按计划完成工作任务	10	
项目成果 （30%）		工作完整	能按时完成工作任务的所有环节	10	
		工作规范	能在整个操作过程中规范操作，避免意外事故的发生	10	
		汇报展示	能准确表达和汇报工作成果	10	
合计				100	

综合评价	学生评价（50%）	教师评价（50%）	综合得分

	（作业过程中存在的问题及改进建议）
综合评语	

情智课堂

新能源汽车下乡：产业升级，惠及乡村

2022 年 5 月 31 日，工业和信息化部、农业农村部、商务部、国家能源局联合印发通知，部署开展 2022 年新能源汽车下乡活动。新能源汽车下乡活动进一步促进了新能源汽车市场的孵化，引导新能源汽车市场深度下沉。工业和信息化部鼓励各地出台更多支持政策，并通过加快完善充换电基础设施建设等一系列举措，让新能源汽车下乡更顺畅。

新能源汽车下乡，可不只是把新能源汽车卖到农村去那么简单。新能源汽车下乡，充电设施就要跟着下乡。国家电网在部分社区、村居停车位推进直流快充、交流慢充结合的"村村通""镇镇通"充电桩建设，因地制宜地提供绿色电能。

新能源汽车下乡，售后服务体系同样要跟上。工业和信息化部表示，鼓励参与下乡活动的企业研发更多质量可靠、先进适用的车型，加大活动优惠力度，加强售后运维服务保障。

除了充电与售后服务，加快动力蓄电池回收服务网点建设同样重要。截至 2021 年 12 月底，173 家有关企业已在全国设立回收服务网点 10127 个。工信和信息化部表示，将加快出台一批动力蓄电池回收利用国家标准、行业标准，并将开展动力蓄电池回收利用试点验收，遴选和推广一批典型的模式和成功的企业案例。

新能源汽车的发展不仅惠及城市，也惠及广大乡村，这正是我国迈向制造强国的路上带来的变化，产业升级最终会惠及我们每一个人。

项目五
新能源汽车灯光系统检修

任务一　灯光系统控制原理认知

🎯 任务目标

知识目标

1. 掌握灯光系统的基本组成及功能。
2. 熟悉灯光组件的安装位置。
3. 了解灯光系统控制框图。
4. 根据故障现象，判断可能出现故障的部位。

技能目标

1. 具备从多途径的信息源中检索专业知识的能力。
2. 具备独立完成灯光系统的检查和简单的故障原因分析的能力。
3. 具备对车辆各个灯光进行检查的能力。

素养目标

1. 掌握分析解决问题以及多元化思考解决问题的方法，形成创新意识。
2. 具有良好的团队协作精神和较强的组织沟通能力。
3. 具备良好的职业道德，尊重他人劳动，不窃取他人成果。

⚓ 任务框图

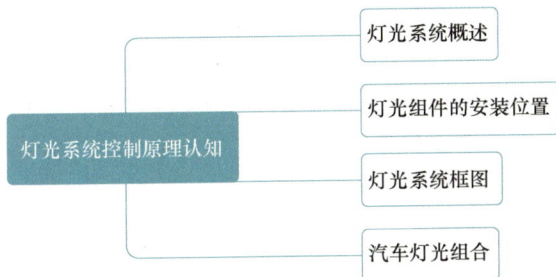

任务导入

　　小李购买了一辆比亚迪秦 EV 汽车，使用两年后，发现打开左右转向开关和按下紧急报警开关时转向灯都不工作。小李把车送到 4S 店处理转向灯的问题，并希望对汽车灯光系统进行维护，请问，如果你是 4S 店的维修人员，你能进行转向开关和警示灯故障现象的简单分析和灯光系统的维护吗？

任务分组

　　学生任务分配表见表 5-1-1。

表 5-1-1　学生任务分配表

班　级		组　号		指导老师	
组　长		学　号			
组　员	姓名：＿＿＿＿　学号：＿＿＿＿			姓名：＿＿＿＿　学号：＿＿＿＿	
	姓名：＿＿＿＿　学号：＿＿＿＿			姓名：＿＿＿＿　学号：＿＿＿＿	
	姓名：＿＿＿＿　学号：＿＿＿＿			姓名：＿＿＿＿　学号：＿＿＿＿	
	姓名：＿＿＿＿　学号：＿＿＿＿			姓名：＿＿＿＿　学号：＿＿＿＿	
任务分工					

（就组织讨论、工具准备、数据采集、数据记录、安全监督、成果展示等工作内容进行任务分工）

获取信息

　　❓ 引导问题 1：我们都知道汽车灯光系统是汽车的重要组成部分，那你知道汽车的灯光种类有哪些吗？请你对新能源汽车的灯光系统做一个简单的介绍。

＿＿＿＿＿＿＿＿＿＿＿＿＿＿＿＿＿＿＿＿＿＿＿＿＿＿＿＿＿＿＿＿＿＿＿＿＿＿

＿＿＿＿＿＿＿＿＿＿＿＿＿＿＿＿＿＿＿＿＿＿＿＿＿＿＿＿＿＿＿＿＿＿＿＿＿＿

知识点提示

一、灯光系统概述

　　灯光系统为汽车夜间行驶提供照明，恶劣天气或车辆发生故障时提供警示作用。车外照明灯主要有前照灯、倒车灯、牌照灯和雾灯等，车内照明灯主要有室内灯、迎宾门灯和各开关背光灯等。各种灯装在各自所需照明的位置，并配以各自的控制开关和电路及熔丝插片等组成灯光系统。

　　灯光系统同时具有信号提示功能，产生光信号，向其他车辆的驾驶人以及行人发出警告，以引起注意，确保车辆行驶的安全，主要包括转向信号、制动信号、危险警告信号及示廓信号、倒车信号等。比亚迪秦 EV 车型除了具有传统灯光照明功能外，还配有自动灯光及前照灯延时退电功能，使灯光的使用更便利及人性化。

1）自动灯光：将组合开关端的灯光开关组调到 AUTO 档，BCM 会根据光照强度传感器采集的外界光照强度并进行判定，自动控制灯光开启或关闭，并根据光强不同开启示宽灯或前照灯。

2）前照灯延时退电：当车辆前照灯打开，车辆电源从 ON 档退电到 OFF 档时，前照灯不会立即熄灭，灯光开关组自动计时让前照灯再亮 10s 后断开灯光继电器，熄灭前照灯。

❓ 引导问题 2：车辆的不同灯光组件装在不同位置，这些灯光组件都安装在车辆的哪些位置？请你查阅相关资料或观察车辆，写出各种灯光组件安装的具体位置。

_____

_____

💡 知识点提示

二、灯光组件的安装位置

在汽车上，灯光系统主要分布在车头位置、车尾位置、车侧身位置和车室内等部位。具体灯光位置，如图 5-1-1~ 图 5-1-5 所示。

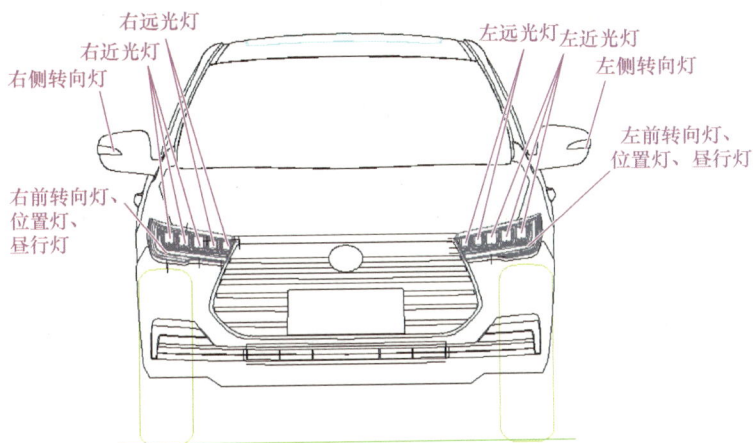

图 5-1-1　车头灯光组件名称

图 5-1-2　比亚迪秦 EV 车头灯光

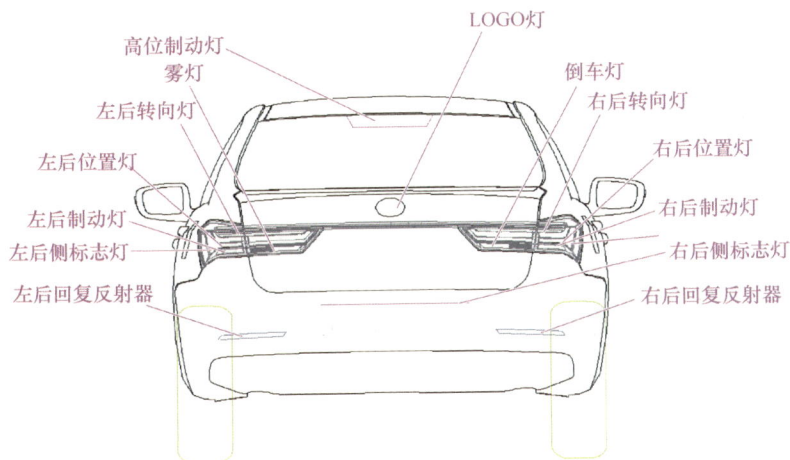

图 5-1-3　车尾灯光组件名称

图 5-1-4　比亚迪秦 EV 车尾灯光

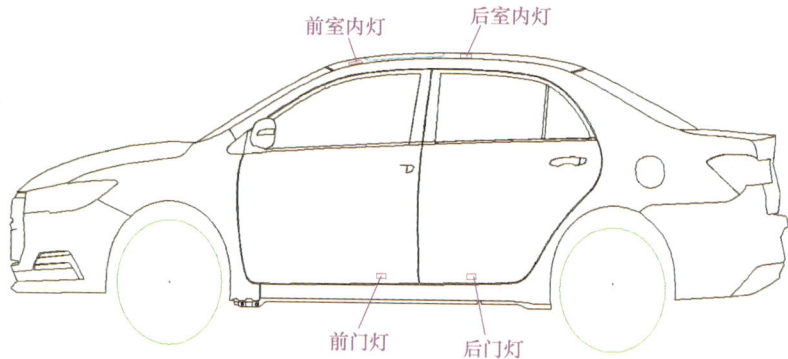

图 5-1-5　车侧边灯光组件名称

❓ 引导问题 3：新能源汽车的灯光类型那么多，这些灯光是如何被控制的呢？请你查阅相关资料，画出灯光系统的控制框图。

_____

_____

💡 知识点提示

三、灯光系统框图

图 5-1-6 所示为灯光系统控制框图。驾驶人手持智能钥匙打开车门后，进入驾驶室内通过旋转组合开关来控制灯光系统。组合开关的开关信号通过舒适网与网关控制器进行信息交互，BCM 根据开关信号，输出相对应电源，点亮对应的灯光。当前照灯的灯光射程不够时，可以手动调节前照

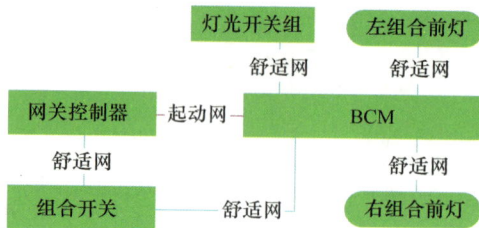

图 5-1-6　灯光系统控制框图

灯高度调节电机 1~2 档。由于比亚迪秦 EV 车型辅助蓄电池的容量较低，打开前照灯后，电量下降相对比较快，因此需要打开前照灯组灯光时，建议给整车上电，通过 DC/DC 变换器给车辆低压系统供电，避免辅助蓄电池亏电造成车辆无法起动。

❓ 引导问题 4：新能源汽车的组合开关是汽车行驶过程中使用非常频繁的一个部件，你知道组合开关是如何使用的吗？请你查阅相关资料，并和同学们进行沟通后，说说如何进行组合开关的使用。

_____

_____

💡 知识点提示

四、汽车灯光组合

汽车组合开关在汽车日常行驶中是使用最频繁的一个部件，照明灯光和信号灯光采用一个开

关进行控制，即示宽灯、近光灯、远光灯、转向灯、会车变光灯由一个开关控制。常见的灯光控制开关是拨杆式的，安装在转向盘左下方转向柱上。

　　黑色三角标志在最上面是灯光全关闭，代表灯光系统全部关闭，图 5-1-7 所示为灯光全关闭按钮。

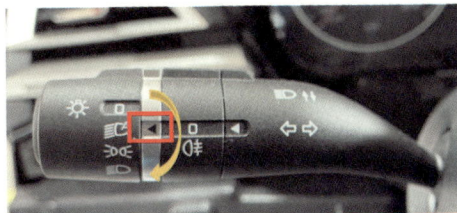

图 5-1-7　灯光全关闭按钮

　　按照箭头旋转灯光控制开关，第二档为自动灯光控制，自动前照灯光感传感器安装在风窗玻璃最上方中间的位置，此安装位置既不影响驾驶人行车视线，也可以很好地感知外界光线强弱。当将灯光调到 AUTO 档，如果车辆进入隧道或外界光线变暗时，此时传感器感知光线变暗后会迅速将信号传递到灯光模块，系统根据信号反馈打开近光灯，提供额外照明。整个过程不需要驾驶人任何操作，更不会分散行车视线与注意力，更有助于安全行车。

　　第三档是示宽灯，前后示宽灯点亮后，提示前后车辆当前车辆的宽度，主要用于夜晚的时候，目的是让其他车辆看见。

　　第四档是近光灯，近光灯就是为了近距离照明，设计要求就是照射范围大（160°）、照射距离短，聚光度也无法调节。

　　组合开关往上提打开远光灯。只有在路上没有其他照明设备，而且对面没有车辆行驶的情况下，才能使用远光灯。否则会严重干扰对方视线，容易造成交通事故。一定要小心不要误将远光灯当近光灯使用。碰到以下几种情况需立即将远光灯换成近光灯：一是对面有来车；二是离前面同方向的车距离较近；三是当路上已经有足够的照明度；四是在过铁路交叉道口和回到交通繁忙的街道上的时候。

　　旋转雾灯开关，打开雾灯。有些车辆前后都安装有雾灯，前雾灯标志为 ⅂Ｏ，后雾灯标志为 Ｏⅼ，主要作用是在雨、雾等天气里或夜晚行车，要开启雾灯，这样在能见度比较低的情况下，让前方的车辆远距离就能看见对面来车的雾灯，有利于行车安全。比亚迪秦 EV 车型只安装后雾灯。图 5-1-8 所示为雾灯开关位置示意图。

　　注意：任何车型需要雾灯工作时，务必打开示宽灯开关。

　　往上拨 / 往下拉打开车辆的转向灯，提示前后、左右车辆及行人注意的重要指示灯，如图 5-1-9 所示。

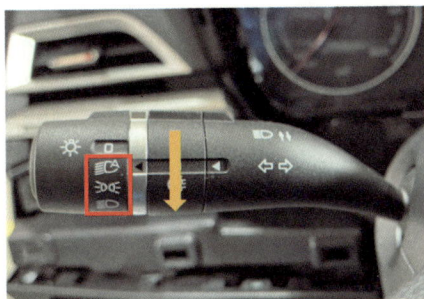

图 5-1-8　雾灯开关位置示意图

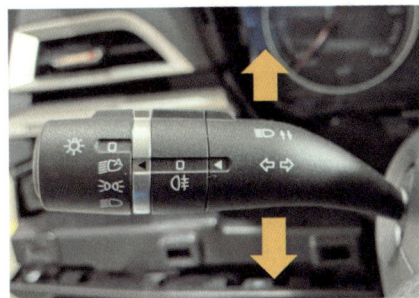

图 5-1-9　转向灯开关示意图

工作计划

　　按照前面所了解的知识内容和小组内部讨论的结果，制订工作方案，包括资料查阅渠道的落实、任务实施任务中的内容分工等，完成表 5-1-2。

表 5-1-2　工作方案表

步骤	工作内容	负责人
1		
2		
3		
4		
5		

进行决策

　　1）各组派代表阐述资料查询结果。

　　2）各组就各自的查询结果进行交流，并分享技巧。

　　3）教师结合各组完成的情况进行点评，并选出最佳方案。

任务实施

一、任务准备

1. 设备及工具准备

设备及工具准备见表 5-1-3。

表 5-1-3　设备及工具准备

序　号	设备及工具名称	数　量
1	数字万用表	1 台
2	示波器	1 台
3	绝缘防护套装	1 套
4	常规工具套装	1 套
5	比亚迪秦 EV 整车	1 辆

2. 场地准备

　　1）任务实施前需要做好场地防护准备，检查实训场地和设备设施是否存在安全隐患，如不正常需进行处理后，方可实施任务。

　　2）本实训任务用到实车，任务实施前需要在车辆周围围上隔离带，并摆上安全提示牌。

3. 安全防护准备

　　1）检测各个设备以及所需要器材是否完好。

　　2）涉及高压安全操作，务必做好充分防护操作。

4. 其他辅助准备

汽车维修手册、教材、实训工作页、笔。

二、实施步骤

远近光灯均不亮的情况排查如下：

故障现象：打开组合开关后，近光灯、远光灯等均不亮。

组合开关电气原理图，如图 5-1-10 所示。

1）用万用表检查仪表板配电盒 F2/33、F2/42 熔丝的电阻值，正常值 <1Ω。

2）断开组合开关插接器 G02，打开起动开关，检查 G02-5- 车身地的电压值、G02-6- 车身地的电压值，正常值为 12.2V 左右，G02-3- 车身地的电压值，正常值 <1V。

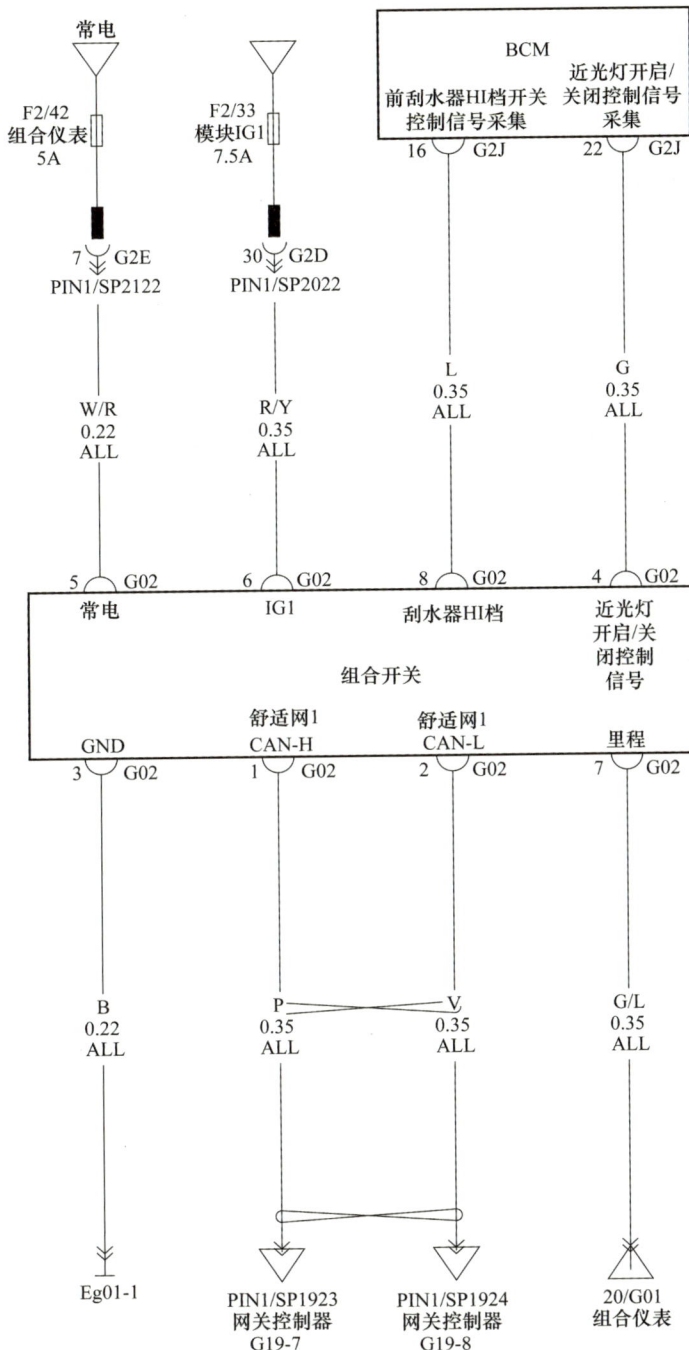

图 5-1-10　组合开关电气原理图

3）安装组合开关插接器，打开起动开关，在 G02 后端检测 G02-1- 车身地的电压值，正常值为 2.5~3.5V，G02-2- 车身地的电压，整车值为 1.5~2.5V。

4）更换组合开关。

评价反馈

1）各组代表展示汇报 PPT，介绍任务的完成过程。

2）以小组为单位，请对各组的操作过程与操作结果进行自评和互评，并将结果填入表 5-1-4 中。

表 5-1-4　学生评价表

姓名			学号				班级				组别		
实训任务													
评价项目	分值	等　级				评价对象（组别）							
		A	B	C	D	1	2	3	4	5	6	7	8
方案合理	20	20	15	10	5								
团队合作	20	20	15	10	5								
工作质量	20	20	15	10	5								
工作规范	20	20	15	10	5								
汇报展示	20	20	15	10	5								
合计	100	各组得分											
总结与反思													

（如：学习过程中遇到什么问题→如何解决的 / 解决不了的原因→心得体会）

3）教师对学生工作过程与工作结果进行评价，并将评价结果填入表5-1-5中。

表 5-1-5　教师对学生评价表

姓名			学号	班级		组别	
实训任务							
评价项目			评价标准			分值	得分
考勤（10%）			无迟到、早退和旷课的现象			10	
工作过程（60%）	知识目标	获取信息	掌握工作相关知识			10	
		进行决策	制订工作方案，方案合理可行			10	
	技能目标	任务实施	能够按照要求做好设备及工具准备 正确进行场地准备 做好安全防护准备和其他防护准备			5	
			理解实训操作顺序 能够按照正确的步骤进行操作			5	
			能够根据实训操作 做好完善的记录			5	
			正确完成全部实训操作 按要求进行 6S 整理			5	
	素养目标	工作态度	认真严谨、积极主动 安全生产、文明施工			5	
		团队合作	与小组成员和同学之间能合作交流，友好协调工作			5	
		工作质量	能按照工作方案操作 按计划完成工作任务			10	
项目成果（30%）		工作完整	能按时完成工作任务的所有环节			10	
		工作规范	能在整个操作过程中规范操作，避免意外事故的发生			10	
		汇报展示	能准确表达和汇报工作成果			10	
合计						100	
综合评价		学生评价（50%）		教师评价（50%）		综合得分	
综合评语		（作业过程中存在的问题及改进建议）					

任务二　灯光系统故障诊断与维修

任务目标

知识目标

1. 掌握各灯光故障的检查与排除。
2. 掌握比亚迪秦 EV 车辆的电气原理图，熟悉各灯光系统的控制方式。

技能目标

1. 具备从多途径的信息源中检索专业知识的能力。
2. 具备根据维修手册的指引进行灯光信号的测量，并给出维修结论的能力。

素养目标

1. 掌握分析解决问题以及多元化思考解决问题的方法，形成创新意识。
2. 具有良好的团队协作精神和较强的组织沟通能力。
3. 具备良好的职业道德，尊重他人劳动，不窃取他人成果。

任务框图

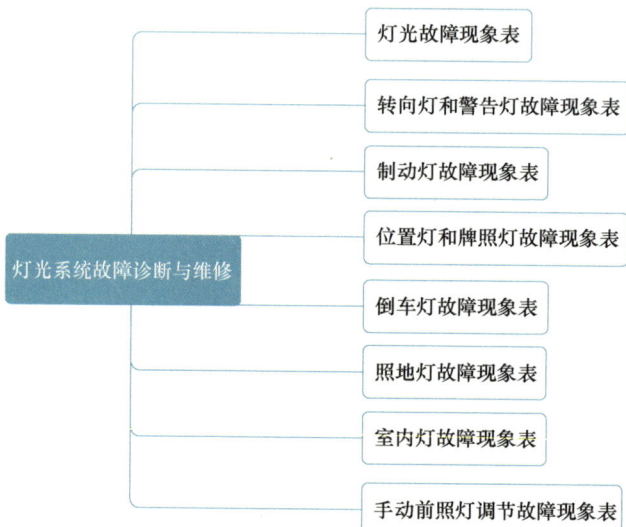

灯光系统故障诊断与维修
- 灯光故障现象表
- 转向灯和警告灯故障现象表
- 制动灯故障现象表
- 位置灯和牌照灯故障现象表
- 倒车灯故障现象表
- 照地灯故障现象表
- 室内灯故障现象表
- 手动前照灯调节故障现象表

任务导入

　　一名 4S 店的维修人员在对一辆比亚迪秦 EV 车辆灯光系统进行故障排查时，发现车辆有以下现象：车辆连接辅助蓄电池负极，车辆高压上电，打开近光灯，右侧近光灯不亮，左侧近光灯正常点亮。

　　如果你是该 4S 店的工作人员，请问你会如何进行右侧近光灯不亮的故障排除呢？

任务分组

学生任务分配表见表 5-2-1。

表 5-2-1　学生任务分配表

班　级		组　号		指导老师	
组　长		学　号			
组　员	姓名：＿＿＿＿	学号：＿＿＿＿	姓名：＿＿＿＿	学号：＿＿＿＿	
	姓名：＿＿＿＿	学号：＿＿＿＿	姓名：＿＿＿＿	学号：＿＿＿＿	
	姓名：＿＿＿＿	学号：＿＿＿＿	姓名：＿＿＿＿	学号：＿＿＿＿	
	姓名：＿＿＿＿	学号：＿＿＿＿	姓名：＿＿＿＿	学号：＿＿＿＿	
任务分工					

（就组织讨论、工具准备、数据采集、数据记录、安全监督、成果展示等工作内容进行任务分工）

获取信息

❓ **引导问题 1**：进行新能源汽车灯光的故障诊断检修时，可以根据故障的症状对可能出现故障的部位进行预判。你知道如何根据各类灯光出现的故障进行故障部位的预判吗？请你查阅相关资料，并在横线上进行阐述。

＿＿＿＿＿＿＿＿＿＿＿＿＿＿＿＿＿＿＿＿＿＿＿＿＿＿＿＿＿＿＿＿＿＿＿＿＿＿＿

＿＿＿＿＿＿＿＿＿＿＿＿＿＿＿＿＿＿＿＿＿＿＿＿＿＿＿＿＿＿＿＿＿＿＿＿＿＿＿

职业认证　　智能新能源汽车职业技能等级要求（初级）中的灯光仪表警示装置和车身电气系统检查保养任务就涉及前照灯和辅助灯（雾灯 / 行车灯）的拆装与更换，通过智能新能源汽车职业技能等级（初级）考核可获得教育部 1+X 证书中的《智能新能源汽车职业技能等级证书（初级）》。

知识点提示

对于新能源汽车的灯光检查和维修，都可以根据故障描述的情况，对可能出现故障的部位进行判别，这样可以方便快速准确地找出发生故障的部位，具体何种故障对应具体的哪个部位，可以参照以下表格。

1）灯光故障现象表见表 5-2-2。

表 5-2-2　灯光故障现象表

故障描述	可能故障部位
近光灯不亮（一侧）	灯泡 左组合前照灯 ECU 或右组合前照灯 ECU
近光灯不亮（两侧都不亮）	灯泡 左组合前照灯 ECU 和右组合前照灯 ECU 组合开关控制电路
远光灯不亮（一侧）	灯泡 左组合前照灯 ECU 或右组合前照灯 ECU
远光灯不亮（两侧都不亮）	灯泡 左组合前照灯 ECU 和右组合前照灯 ECU 组合开关控制电路
前照灯灯光昏暗（亮度不够）	辅助蓄电池电压 线束
超车灯不工作（远光灯与近光灯正常）	组合开关控制电路 左组合前照灯 ECU 和右组合前照灯 ECU
当示宽灯亮或前照灯亮时，前雾灯开关打开时前雾灯不亮（两侧都不亮）	灯泡 前雾灯线束 组合开关控制电路 左组合前照灯 ECU 和右组合前照灯 ECU
只有一个前雾灯不亮	灯泡 线束 左组合前照灯 ECU 或右组合前照灯 ECU

2）转向灯和警告灯故障现象表见表 5-2-3。

表 5-2-3　转向灯和警告灯故障现象表

故障描述	可能故障部位
打开左右转向开关和按下紧急报警开关时转向灯都不亮	1）转向 / 紧急警告灯熔丝 2）闪光继电器 3）转向灯 / 紧急警告灯电路 4）BCM
按紧急报警开关时不工作（转向时正常）	1）紧急报警开关电路 2）BCM
打开左右转向开关时，转向灯都不工作（危险报警工作正常）	1）组合开关控制电路 2）BCM
一侧转向灯全不亮	1）组合开关控制电路 2）转向灯 / 紧急警告灯电路 3）闪光继电器 4）BCM
只有一个或几个转向灯不亮	1）灯泡 2）线束

3）制动灯故障现象表见表 5-2-4。

表 5-2-4　制动灯故障现象表

故 障 描 述	可能故障部位
制动灯不亮（高位和左右制动灯都不亮）	喇叭 / 制动灯熔丝 制动灯电路
只有一个制动灯不亮	LED 灯 线束

4）位置灯和牌照灯故障现象表见表 5-2-5。

表 5-2-5　位置灯和牌照灯故障现象表

故 障 描 述	可能故障部位
位置灯和牌照灯都不亮	前位置灯熔丝 组合开关控制电路 内部示宽灯继电器 位置灯 / 牌照灯电路 继电器控制模块
只有一个或几个位置灯或牌照灯不亮	LED 灯或灯泡 线束

5）倒车灯故障现象表见表 5-2-6。

表 5-2-6　倒车灯故障现象表

故 障 描 述	可能故障部位
倒档时倒车灯都不亮	倒车灯开关电路 倒车灯电路 BCM
仅一个倒车灯不亮	灯泡 线束

6）照地灯故障现象表见表 5-2-7。

表 5-2-7　照地灯故障现象表

故 障 描 述	可能故障部位
车辆进入防盗状态，携带钥匙靠近车辆照地灯都不亮	照地灯电路 BCM 或门控 ECU
仅一个照地灯不亮	LED 线束

7）室内灯故障现象表见表5-2-8。

表5-2-8 室内灯故障现象表

故 障 描 述	可能故障部位
门灯不亮	室内照明熔丝 门灯电路 BCM
所有背光灯不亮	前位灯熔丝 示宽灯继电器 继电器控制模块
室内灯不亮	室内照明熔丝 室内灯总成电路 线束

8）手动前照灯调节故障现象表见表5-2-9。

表5-2-9 手动前照灯调节故障现象表

故 障 描 述	可能故障部位
手动前照灯调节不工作	前照灯调节开关 左（右）调节电机 线束

工作计划

　　按照前面所了解的知识内容和小组内部讨论的结果，制订工作方案，包括资料查阅渠道的落实、任务实施任务中的内容分工等，完成表5-2-10。

表5-2-10 工作方案表

步骤	工 作 内 容	负责人
1		
2		
3		
4		
5		

进行决策

1）各组派代表阐述资料查询结果。

2）各组就各自的查询结果进行交流，并分享技巧。

3）教师结合各组完成的情况进行点评，并选出最佳方案。

任务实施

一、任务准备

1. 设备及工具准备

设备及工具准备见表5-2-11。

近光灯故障
检修

表 5-2-11　设备及工具准备

序　号	设备及工具名称	数　量
1	数字万用表	1 台
2	示波器	1 台
3	绝缘防护套装	1 套
4	常规工具套装	1 套
5	比亚迪秦 EV 整车	1 辆

2. 场地准备

1）任务实施前需要做好场地防护准备，检查实训场地和设备设施是否存在安全隐患，如不正常需进行处理后，方可实施任务。

2）本实训任务用到实车，任务实施前需要在车辆周围围上隔离带，并摆上安全提示牌。

3. 安全防护准备

1）检测各个设备以及所需要器材是否完好。

2）涉及高压安全操作，务必做好充分防护操作。

4. 其他辅助准备

汽车维修手册、教材、实训工作页、笔。

二、实施步骤

1. 比亚迪灯光系统信号的测量

在进行比亚迪灯光系统信号的测量时，根据灯光系统原理图找到需要测量的具体位置。图 5-2-1 所示为前组合灯（位置灯、转向灯、昼行灯）灯光开关组原理图。图 5-2-2 所示为车后灯具（左转向灯、位置灯、制动灯、后雾灯）原理图。图 5-2-3 所示为车后灯具（右转向灯、位置灯、制动灯、倒车灯、高位制动灯）原理图。

笔记栏

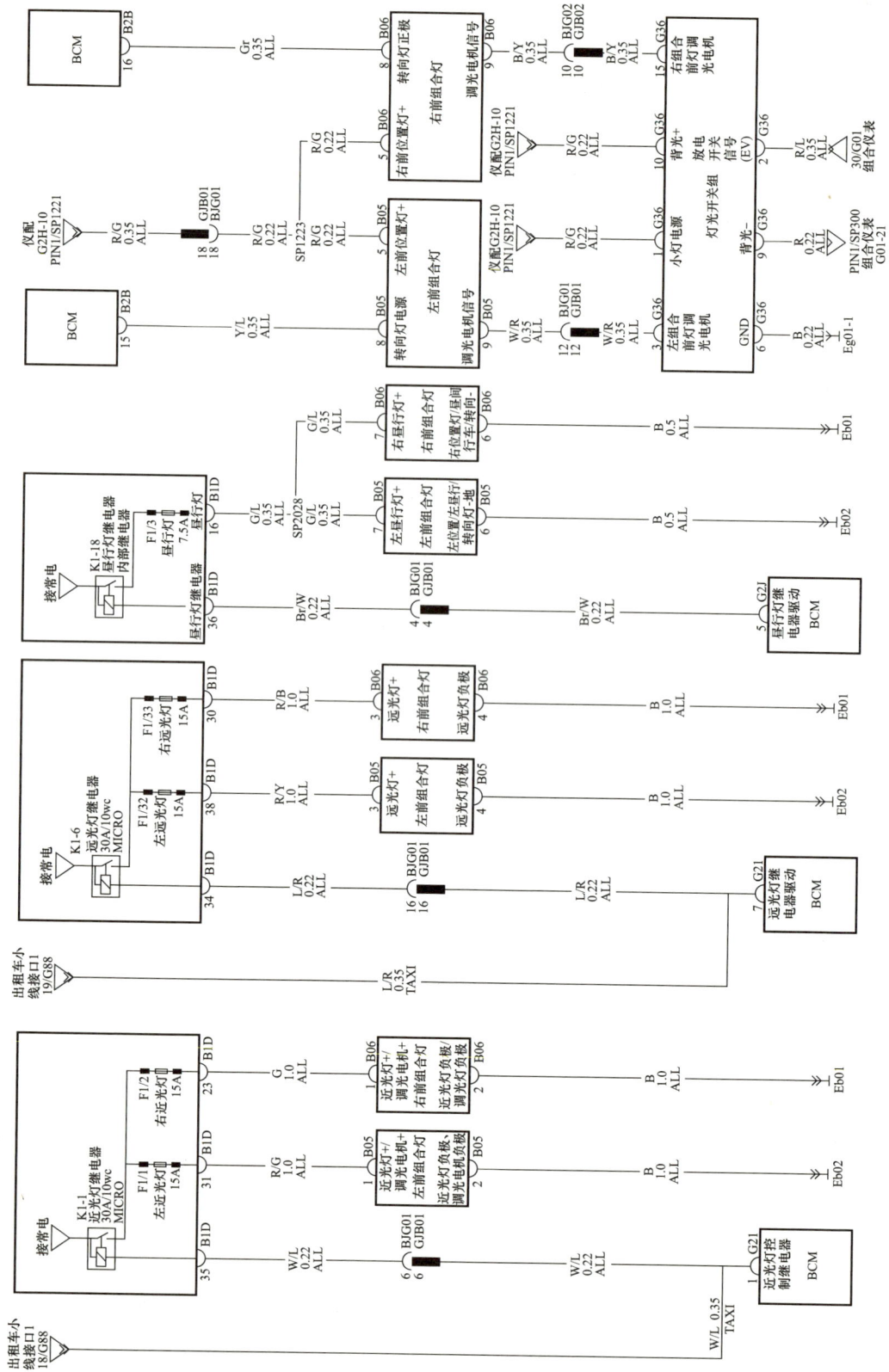

图 5-2-1　前组合灯（位置灯、转向灯、昼行灯）灯光开关组原理图

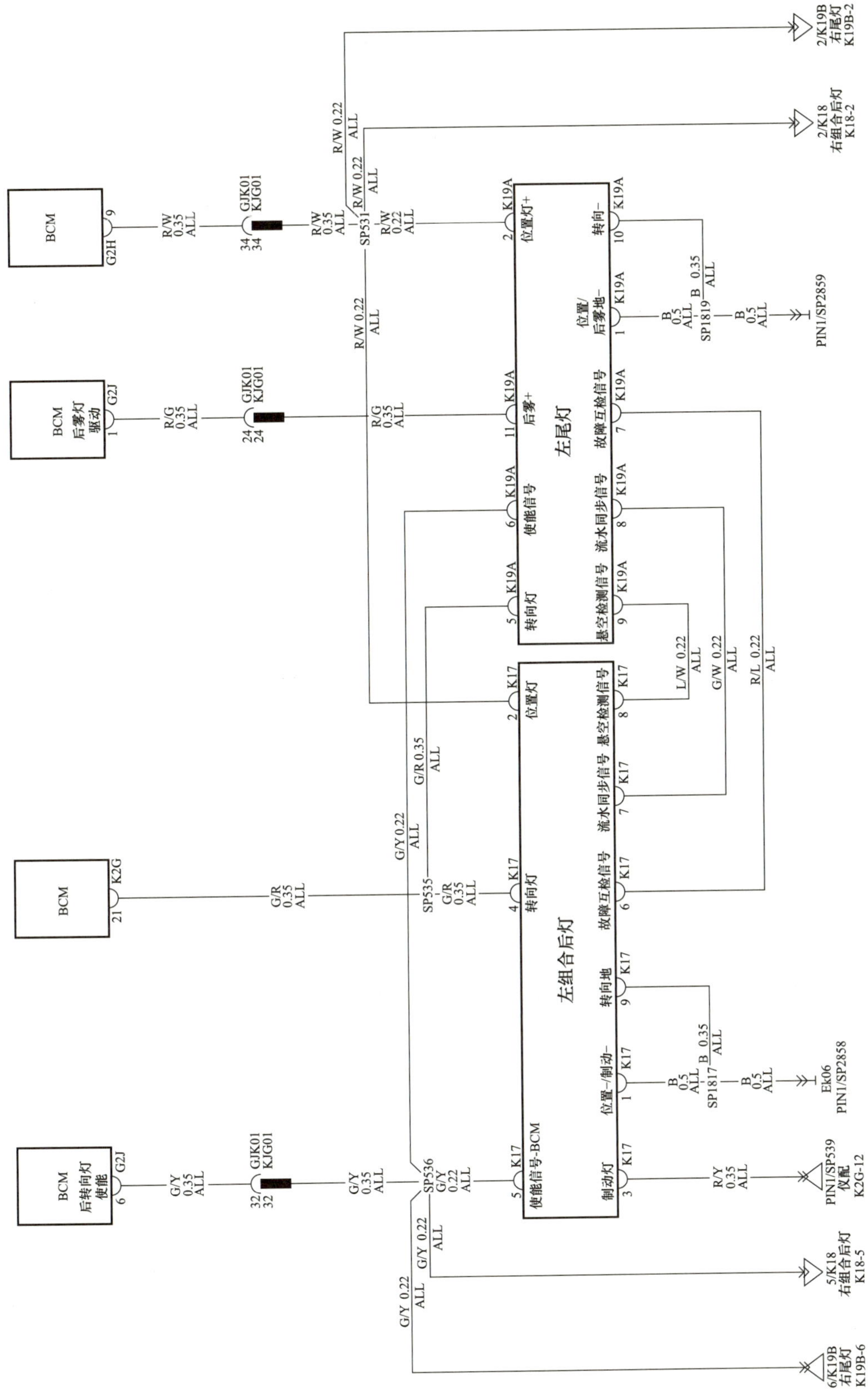

图 5-2-2　车后灯具（左转向灯、位置灯、制动灯、后雾灯）原理图

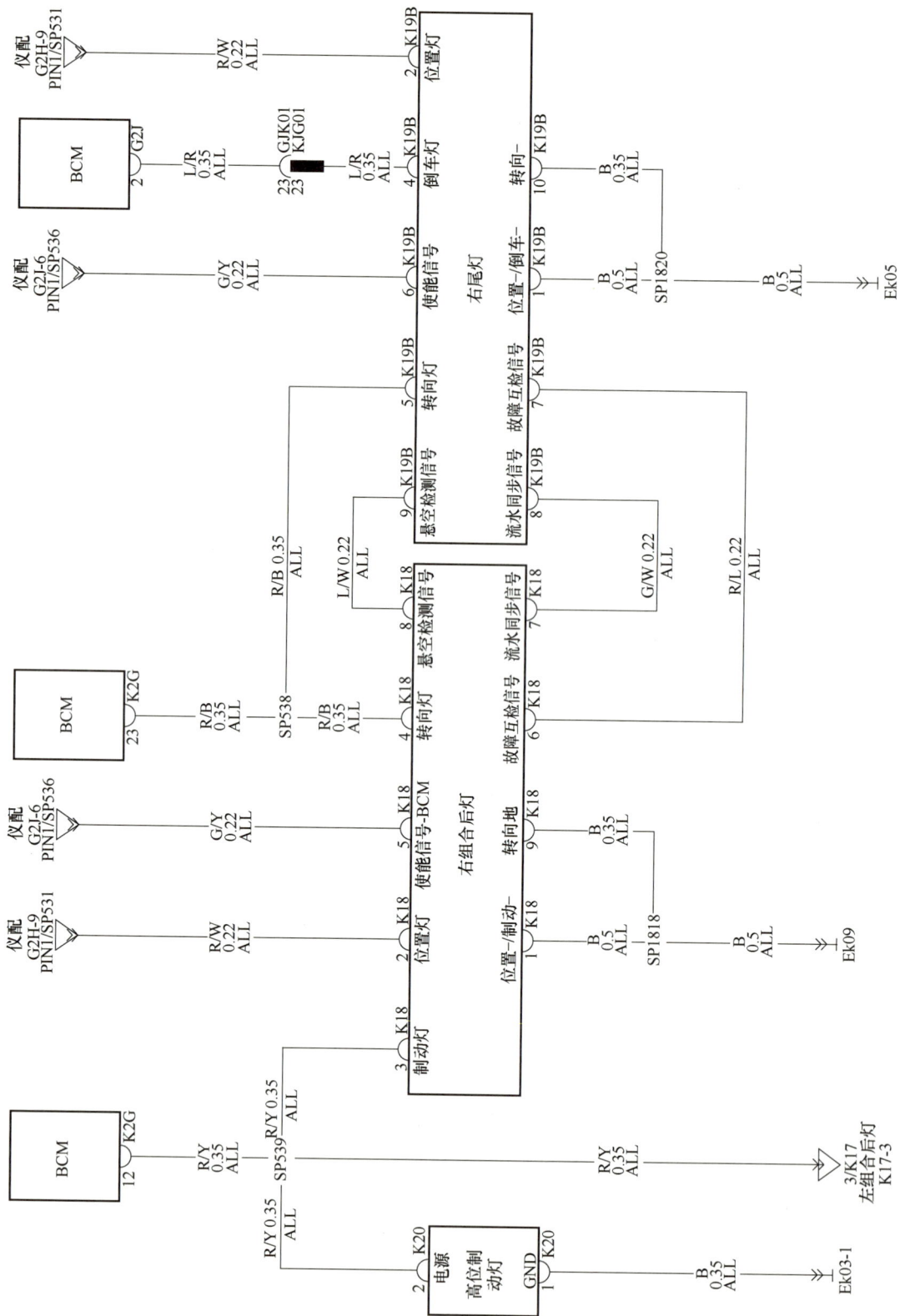

图 5-2-3　车后灯具（右转向灯、位置灯、制动灯、倒车灯、高位制动灯）原理图

灯光开关组 G36 的实物位置图及各端子位置如图 5-2-4 所示。灯光开关组 G36 各端子的测量条件和正常值对照表 5-2-12。

组合开关 G02 插接件实物图及各端子位置如图 5-2-5 所示。各端子检查对应条件下测量正常值对照表 5-2-13。

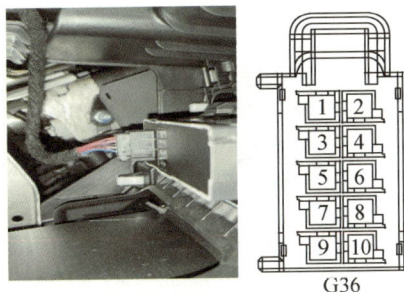

图 5-2-4　灯光开关组 G36 的实物位置图及各端子位置

表 5-2-12　灯光开关组 G36 各端子的测量条件和正常值对照表

端 子 号	线 色	端 子 描 述	条 件	正 常 值
G36-1- 车身地	R/W	示宽灯电源		
G36-2- 车身地	R/G	背光调节正		
G36-3- 车身地	W/R	左前组合灯调光电机		
G36-4- 车身地	G	背光调节负		
G36-5- 车身地	B/Y	右前组合灯调光电机		
G36-6- 车身地	B	GND		
G36-7- 车身地	L	间接胎压开关		
G36-9- 车身地	B/R	背光 –		
G36-10- 车身地	R/G	背光 +		

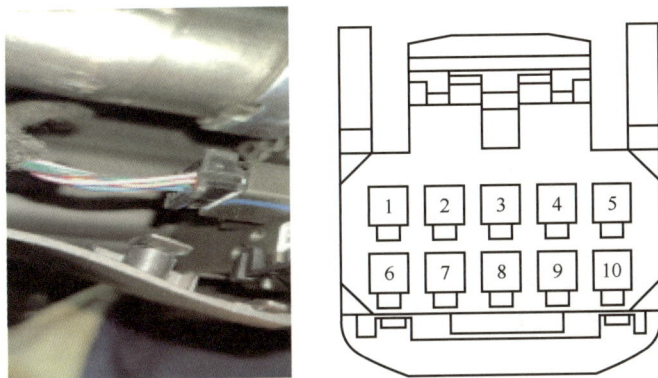

图 5-2-5　组合开关 G02 插接件实物图及各端子位置

表 5-2-13　组合开关 G02 插接件各端子检查对照表

端 子 号	线 色	端 子 描 述	条 件	正常值 /V
G02-1- 车身地	P	B-CAN-H	始终	2.5~3.5
G02-2- 车身地	V	B-CAN-L	始终	1.5~2.5
G02-3- 车身地	B	接地	始终	小于 1
G02-4- 车身地	G	近光灯开启 / 关闭控制信号		
G02-5- 车身地	R	常电	始终	11~14
G02-6- 车身地	W	IG1 电	ON 档	11~14

左前组合灯 B05 插接件实物图及各端子位置如图 5-2-6 所示。各端子检查结果的正常值对照表 5-2-14。

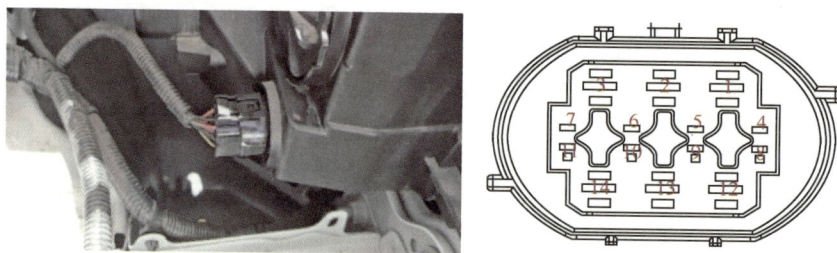

图 5-2-6　左前组合灯 B05 插接件实物图及各端子位置

表 5-2-14　左前组合灯 B05 插接件各端子检查对照表

端 子 号	线 色	端 子 描 述	条 件	正 常 值
B05-1- 车身地	R/G	近光灯 +/ 调光电机 +		
B05-2- 车身地	B	近光灯 – / 调光电机 –		
B05-3- 车身地	R/W	远光灯 +		
B05-4- 车身地	R/W	远光灯 –		
B05-5- 车身地	R/W	左前位置灯 +		
B05-6- 车身地	B	左前位置灯 / 昼行灯 / 转向灯 –		
B05-7- 车身地	G/B	左昼行灯 +		
B05-8- 车身地	Y/L	转向灯电源		
B05-9- 车身地	W/R	调光电机信号		

右前组合灯 B06 插接件实物图及各端子位置如图 5-2-7 所示。各端子检查对应条件下的正常值对照表 5-2-15。

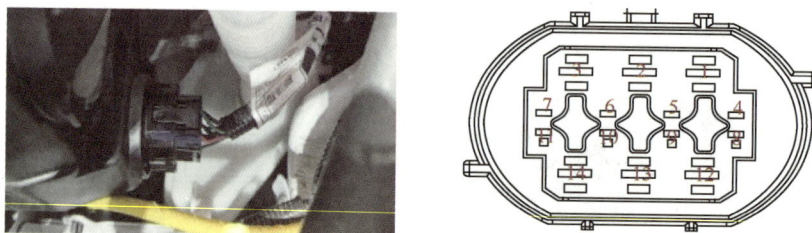

图 5-2-7　右前组合灯 B06 插接件实物图及各端子位置

表 5-2-15　右前组合灯 B06 插接件各端子检查对照表

端 子 号	线 色	端 子 描 述	条 件	正常值 /V
B06-1- 车身地	R/G	近光灯 + / 调光电机 +	始终	11~14
B06-2- 车身地	B	近光灯 – / 调光电机 –	始终	小于 1
B06-3- 车身地	R/W	远光灯 +	灯光开关组打到近光灯	小于 1
B06-4- 车身地	R/W	远光灯 –	开启右前雾灯	1.5~5
B06-5- 车身地	R/W	右前位置灯 +	始终	—
B06-6- 车身地	B	右前位置灯 / 昼行灯 / 转向灯 –	始终	2.5~3.5

（续）

端 子 号	线 色	端 子 描 述	条 件	正常值 /V
B06-7- 车身地	G/B	右昼行灯 +	始终	1.5~2.5
B06-8- 车身地	Y/L	转向灯电源	右转向灯开启	11~14
B06-9- 车身地	W/R	调光电机信号	开启右前雾灯	11~14

2. 近光灯故障不亮排查

比亚迪秦 EV 车辆连接辅助蓄电池负极，车辆高压上电，打开近光灯，发现右侧近光灯不亮，左侧近光灯正常点亮。可以通过以下步骤进行故障的排查：

1）连接道通 MS908E 诊断仪，读取故障码，根据故障码的提示，进行下一步诊断。

2）根据电路图和故障现象判断，如果近光灯继电器正常闭合，则怀疑是左侧近光灯熔丝及电路故障。近光灯电路图如图 5-2-8 所示。

3）测量 B06/1 对地电压，如图 5-2-9 所示。正常值为 11~13.8V，如果车辆实测结果不在正常值范围内，则电压异常。

4）测量 F1/2 熔丝两端电压，如图 5-2-10 所示。正常值应为辅助蓄电池电压，否则，检测异常。

5）断开辅助蓄电池负极，测量 F1/2 两端电阻，如图 5-2-11 所示。熔丝两端电阻正常值应小于 1Ω，否则，检测异常。

6）测量 F1/2 座对地电阻，如图 5-2-12 所示，∞，检测正常。

7）更换新的熔丝，如图 5-2-13 所示。更换完毕，如果近光灯正常点亮，则故障排除。

8）车辆高压上电，打开近光灯，两侧近光灯正常点亮，如图 5-2-14 所示。

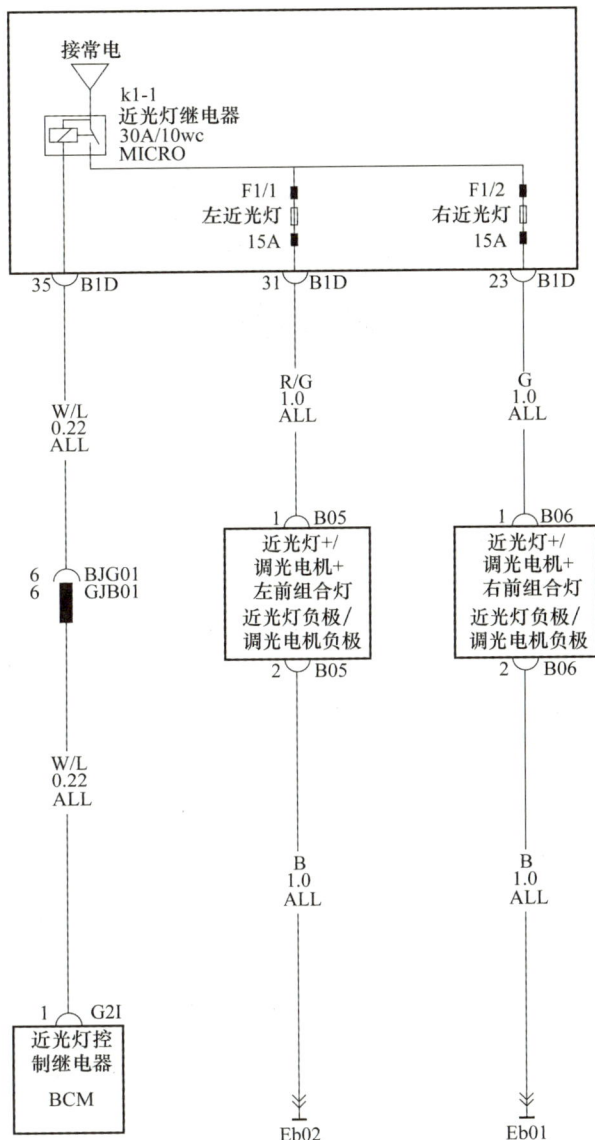

图 5-2-8　近光灯电路图

图 5-2-9　测量 B06/1（B06/1 插接器 1 号）对地电压

图 5-2-10　测量 F1/2 熔丝两端电压

新能源汽车电气系统检修

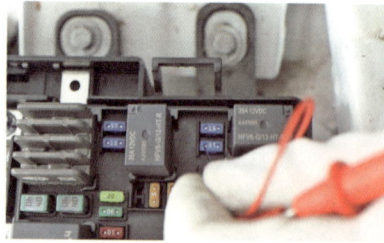
图 5-2-11 测量 F1/2 两端电阻

图 5-2-12 测量 F1/2 座对地电阻

图 5-2-13 更换新的熔丝

图 5-2-14 两侧近光灯正常点亮

评价反馈

1）各组代表展示汇报 PPT，介绍任务的完成过程。

2）以小组为单位，请对各组的操作过程与操作结果进行自评和互评，并将结果填入表 5-2-16 中。

表 5-2-16 学生评价表

姓名			学号				班级			组别		
实训任务												
评价项目	分值	等级				评价对象（组别）						
		A	B	C	D	1	2	3	4	5	6	7	8
方案合理	20	20	15	10	5								
团队合作	20	20	15	10	5								
工作质量	20	20	15	10	5								
工作规范	20	20	15	10	5								
汇报展示	20	20	15	10	5								
合计	100	各组得分											
总结与反思												

（如：学习过程中遇到什么问题→如何解决的 / 解决不了的原因→心得体会）

3）教师对学生工作过程与工作结果进行评价，并将评价结果填入表 5-2-17 中。

表 5-2-17　教师对学生评价表

姓名			学号	班级	组别	
实训任务						
评价项目			评价标准		分值	得分
考勤（10%）			无迟到、早退和旷课的现象		10	
工作过程（60%）	知识目标	获取信息	掌握工作相关知识		10	
		进行决策	制订工作方案，方案合理可行		10	
	技能目标	任务实施	能够按照要求做好设备及工具准备 正确进行场地准备 做好安全防护准备和其他防护准备		5	
			理解实训操作顺序 能够按照正确的步骤进行操作		5	
			能够根据实训操作 做好完善的记录		5	
			正确完成全部实训操作 按要求进行 6S 整理		5	
	素养目标	工作态度	认真严谨、积极主动 安全生产、文明施工		5	
		团队合作	与小组成员和同学之间能合作交流，友好协调工作		5	
		工作质量	能按照工作方案操作 按计划完成工作任务		10	
项目成果（30%）		工作完整	能按时完成工作任务的所有环节		10	
		工作规范	能在整个操作过程中规范操作，避免意外事故的发生		10	
		汇报展示	能准确表达和汇报工作成果		10	
合计					100	

综合评价	学生评价（50%）	教师评价（50%）	综合得分
综合评语	（作业过程中存在的问题及改进建议）		

情智课堂

新能源汽车销量高速增长，产品性能快速提升

广汽埃安销售 2.03 万辆，同比增长 189%；小鹏汽车交付 1.54 万辆，同比增长 202%；理想汽车交付 1.1 万辆，同比增长 125.2%；哪吒汽车交付 1.2 万辆，同比增长 270%；零跑汽车交付 1.01 万辆，同比增长 200%；蔚来汽车交付 9985 辆，同比增长 37.6%……

2022 年 4 月 1 日，部分新能源车企发布了亮眼的月度"成绩单"，其中，5 家企业月销超万辆，同比增速均超 1 倍。

10 年前，新能源汽车发展主要靠政策驱动；5 年前，行业发展是"政策+市场"双轮驱动；当前，新能源汽车主要靠市场驱动，这是新能源车渗透率逐步提升的直接原因。现在的新能源汽车市场，有以下的特点。

1）产品性能快速提升。CTP 无模组电池包技术、刀片电池、弹夹电池、半固态电池……近年来，我国动力蓄电池行业持续创新突破，骨干企业的电池系统循环寿命超过 5000 次。2021 年，我国纯电动乘用车平均续驶里程已经从 2016 年的 253km 提高至 400km 以上。续驶里程达到 1000km 的多款新产品也陆续投放市场。

2）有竞争力的新产品加速涌现。仅在轿跑车细分市场，2022 年有竞争力的全新产品就有近 10 款。据统计，2021 年我国新上市新能源车型达 70 款，目前在售新能源车型总量达 289 款，覆盖了轿车、SUV、MPV 等全部乘用车细分市场。

3）产业发展配套环境进一步优化。截至 2022 年 2 月，累计建成充电桩 261.7 万个，换电站 1405 个，在 31 个省区市设立动力蓄电池回收服务网点超 1 万个。

2021 年到 2030 年，我国新能源汽车市场进入快速增长的新阶段，预计到 2030 年左右新能源汽车销量与燃油车销量基本持平。

项目六
新能源汽车空调检修

任务一　空调控制原理认知

🎯 任务目标

知识目标
1. 掌握新能源汽车暖风系统和空调系统的基本组成。
2. 熟悉各组件的结构和功能。
3. 能通过维修手册更换新能源汽车暖风系统和空调系统的相关组件。

技能目标
1. 具备从多途径的信息源中检索专业知识的能力。
2. 具备起动系统模块检查的能力。

素养目标
1. 掌握分析解决问题以及多元化思考解决问题的方法，形成创新意识。
2. 获得分析问题和解决问题的一些基本方法。
3. 积极主动与小组成员交流、讨论学习成果，取长补短，完成自我提升。

⬆ 任务框图

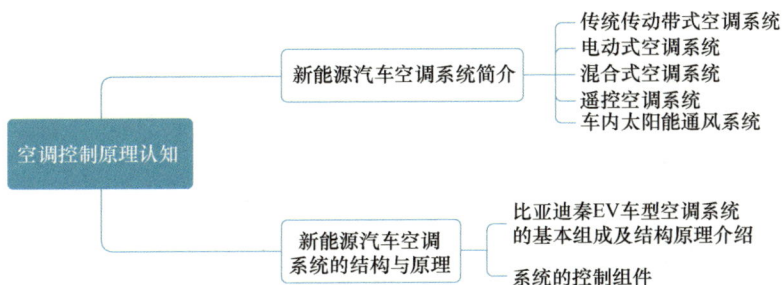

⤵ 任务导入

　　小陈有一辆比亚迪秦 EV 汽车，开了两年以后，发现空调系统出现了制冷方面的问题，他把汽车开到附近的 4S 店进行维修，维修人员发现需要进行一些系统组件的更换。如果你是该 4S 店的维修人员，请问你知道如何进行空调控制器、PTC 水加热总成和电动压缩机的更换吗？

👥 任务分组

学生任务分配表见表 6-1-1。

表 6-1-1　学生任务分配表

班　级		组　号		指导老师	
组　长		学　号			
组　员	姓名：_____　学号：_____		姓名：_____　学号：_____		
	姓名：_____　学号：_____		姓名：_____　学号：_____		
	姓名：_____　学号：_____		姓名：_____　学号：_____		
	姓名：_____　学号：_____		姓名：_____　学号：_____		
任　务　分　工					

（就组织讨论、工具准备、数据采集、数据记录、安全监督、成果展示等工作内容进行任务分工）

🌐 获取信息

　　❓ 引导问题 1：我们都知道空调系统是汽车行驶中使用频率极高的一个重要系统，随着汽车的发展，空调系统也有很多不同的类型。请你查阅资料列举常见的几种空调系统。

_____

_____

💡 知识点提示

一、新能源汽车空调系统简介

1. 传统传动带式空调系统

　　有些混合动力汽车采用传统的传动带式空调压缩机。如果在空调系统工作时，车辆的怠速停止（怠速起停）功能使发动机关闭，那么空调压缩机也会停止工作。此时，车辆的鼓风机将继续向车内输送空气。这在某种程度上可以让车内的人员感到凉爽，但也可能在发动机停机时间过长的情况下（例如，长时间等红绿灯）让人感觉难受。这类车辆通常有 MAX 功能，能够取消怠速起停，并激活发动机工作，使其满足任意长时间的空气调节需求。

2. 电动式空调系统

传统的传动带式空调系统可能会大幅拉低车辆的燃油经济性。相比之下，电动空调压缩机比传统的空调压缩机更有效率，尤其当电机是由类似于动力蓄电池组这样的高压部件来供给较高电压的时候。

一般而言，电动空调压缩机是通过小型变频器驱动的交流电动机带动的。压缩机的变频器可以整合到压缩机组件中，或者将空调控制器集成在车辆的高压控制器内。

电动空调压缩机将电动机整合到了空调压缩机中。压缩机并非由离合器控制，因为电动压缩机通过集成在压缩机内部的电机控制板调节输出的电流大小、频率高低来控制电动机转速，来不断改变其输出功率。影响压缩机输出功率的因素包括蒸发器温度、车厢温度、环境温度和目标蒸发器温度。

电动空调压缩机没有采用轴端密封设计，避免了传统空调中轴端泄漏的情况发生，如图 6-1-1 所示。

一般情况下，电动空调压缩机通过使系统制冷剂在电动机周围或附近循环进而使电动机冷却。由于空调系统的冷冻油悬浮在制冷剂中，冷冻油一定不能导电。常规的冷冻油会污染，影响系统的正常运行，可能会导致汽车的车载诊断系统设定诊断故障码（DTC），容易误以为出现高压电接地的故障。在这种情况下，可能难以从系统中彻底清除污染油，可能需要更换整个部件。

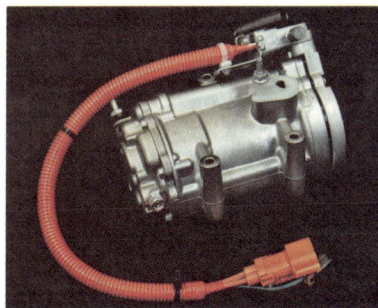

图 6-1-1　电动空调压缩机

3. 混合式空调系统

这里的"混合"空调系统与混合动力汽车无关，尽管某些混合动力汽车中会使用它。它是由传动带式空调压缩机和电动空调压缩机共同组成的混合一体机。2006~2011 款的本田思域混合动力汽车就是采用这种类型的空调压缩机。正常工作时，空调系统选择最有效率的模式：机械驱动模式或电驱动模式。它既可以由发动机驱动，也可以由电动机驱动，还可以由两者一起驱动。当发动机不工作时，电动机就可以驱动这个小巧的空气压缩机继续工作，保证车内的温度。如果外面温度特别高，需要快速制冷，单靠电动机驱动已经不能进行运行时，发动机系统就会自动起动，将冷气源源不断地供到车内。当车内温度已经稳定到最佳水平时，发动机又会自动关闭，从而节约油耗。

4. 遥控空调系统

遥控空调系统能让车辆操作人员只需通过智能手机应用程序或只需按一下汽车密钥卡的按钮，就可以激活空调系统。在传统的混合动力汽车中，使用手机应用程序或汽车密钥卡遥控空调打开后，车内空调最多可以运行 3~5min，这取决于动力蓄电池的荷电量（SOC）。在插电式混合动力汽车中，遥控空调最多可以运行 10min，这跟动力蓄电池的载电量和动力蓄电池的荷电量有关。

当发出激活遥控空调系统的命令后，如果车门尚未锁上，则车辆的控制系统通常会锁住车门，并吸合动力蓄电池包的正、负极接触器，输出高压直流电到配电箱后分配给空调压缩机工作。虽然动力蓄电池包内的正负极接触器处于吸合状态，遥控空调系统其实并没有使车辆上电

（READY 为 OK）。在下列任何一种情况下，将发出关闭遥控空调系统的命令：遥控空调调节超时，动力蓄电池的荷电量低于规定阈值时（EV SOC<10%，PHEV SOC<15%），车辆的车门处于解锁状态。

5. 车内太阳能通风系统

有些混合动力汽车和纯电动汽车将太阳能电池板安装在汽车的车顶，当车辆断电（READY 为 OFF）且在炎热的天气停车时，可以打开太阳能通风系统使车内通风透气。但是太阳能电池板不会为车辆动力蓄电池包充电。

通常情况下，太阳能通风系统是通过开关来控制的。当车内温度上升到高于规定温度值时，如果接通了太阳能通风系统，并且太阳能电池板能够输出足够的电压，这时，太阳能电池板的电流就会激活汽车内部风机。在昏暗或多云的天气，太阳能通风系统可能无法产生足够的电压。有些太阳能通风系统还可以控制车内通风口。所以，风扇控制器通常是独立安装的，这样就使太阳能电池板的电压与汽车的电气系统分隔开。

❓ 引导问题 2：根据以上学习的内容，再查阅相关资料，请阐述新能源汽车空调系统的结构和原理。

结构：_____

原理：_____

💡 知识点提示

二、新能源汽车空调系统的结构与原理

下面，我们将以比亚迪秦 EV 车型为例，进行暖风系统和空调系统的相关介绍。

1. 比亚迪秦 EV 车型空调系统的基本组成及结构原理介绍

比亚迪秦 EV 车型空调系统为单蒸发器自动调节空调。空调系统主要由压缩机、冷凝器、HVAC总成、制冷管路、暖风水管、风道和空调控制器等零部件组成，具有制冷、供暖、除霜除雾、通风换气等功能。该系统利用 PTC 加热冷却液进行供暖，利用蒸汽压缩式制冷循环制冷，制冷剂为 R134a，控制方式为按键操纵式。自动空调箱体的模式风门、冷暖混合风门和内外循环风门都是电机控制的，图 6-1-2 和图 6-1-3 所示为比亚迪秦 EV 车型空调系统的基本组成（含前舱和驾驶室）。比亚迪秦 EV 车型空调及电池热管理控制器及二合一传感器如图 6-1-4 所示。

风道结构拆分图如图 6-1-5 所示。

比亚迪秦 EV 车型制冷系统的工作原理：纯电动车型制冷是通过电动压缩机、冷凝器、电子膨胀阀、蒸发器、鼓风机、空调控制器（21 款比亚迪秦 EV 车型的空调控制器集成在 BCM内）和空调制冷管路等组件组合成的系统来实现，空调控制器（BCM）通过控制电动压缩机转速、电子膨胀阀、鼓风机和冷暖风门来实现空调的制冷。比亚迪秦 EV 车型制冷工作原理流程图如图 6-1-6 所示。

比亚迪秦 EV 车型暖风系统工作原理：供暖是通过 PTC 加热器、暖风水泵、暖风芯体、鼓风机、空调控制器（BCM）和空调供暖管路等组件组合成的系统来实现，空调控制器（BCM）通过控制 PTC 加热器、暖风水泵、鼓风机和冷暖风门来实现空调的供暖。

图 6-1-2　比亚迪秦 EV 车型空调系统的基本组成（前舱）

图 6-1-3　比亚迪秦 EV 车型空调系统的基本组成（驾驶室）

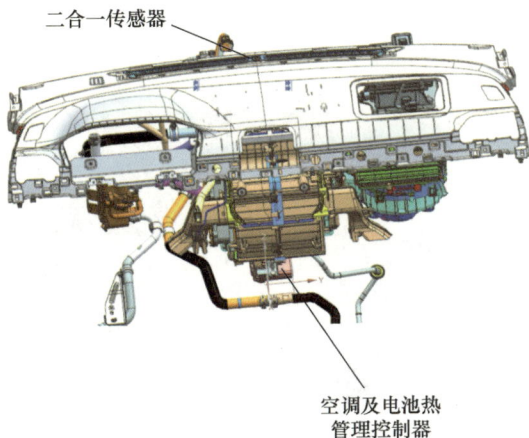

图 6-1-4　比亚迪秦 EV 车型空调及电池热
管理控制器及二合一传感器

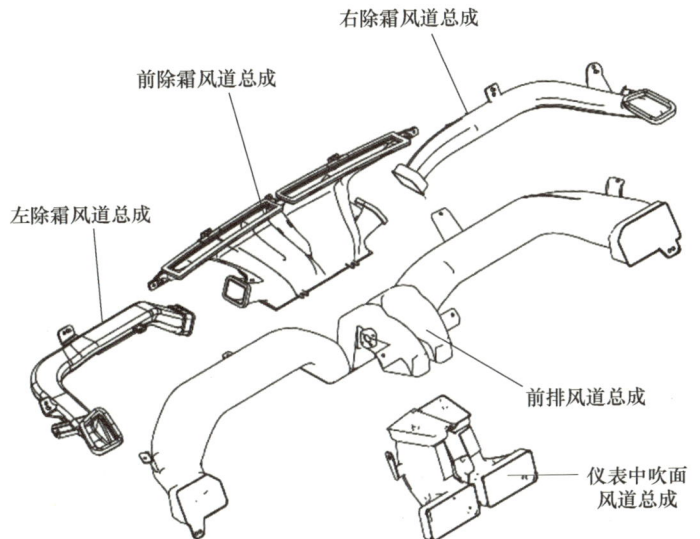

图 6-1-5　风道结构拆分图

　　电池热管理功能：包括电池冷却、电池加热和电池内循环功能。图 6-1-7 所示为电池热管理功能流程图（供暖）。电池热管理功能流程图（制冷）如图 6-1-6 所示。

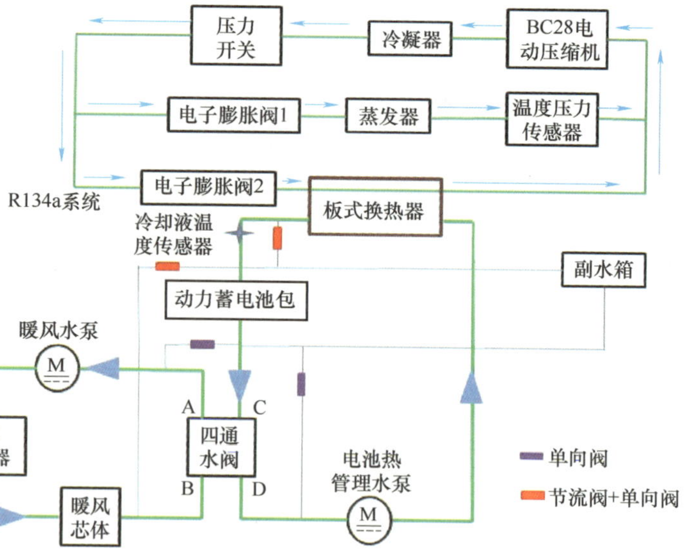

图 6-1-6　比亚迪秦 EV 车型制冷工作原理流程图

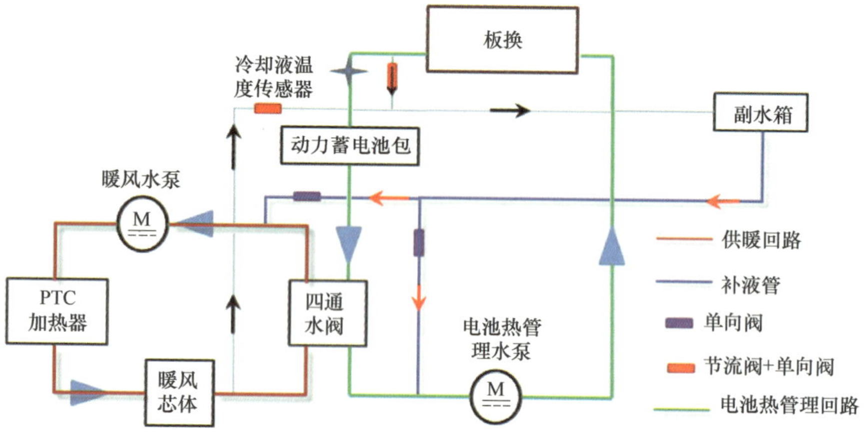

图 6-1-7　电池热管理功能流程图（供暖）

2. 系统的控制组件

（1）电动压缩机　制冷系统采用电动压缩机，额定功率为 2kW，位置在前舱靠左侧，固定在变速器上，如图 6-1-8 所示。系统工作时，高压压力为 2.0~3.2MPa，低压压力为 0.2~1MPa；电动压缩机在空调系统和电池热管理回路中起着驱动制冷剂以及给动力蓄电池冷却液散热的作用，其将机械能转换为热能，基本功能是驱动和建立压力差。当空调系统的高压侧压力过高达到 3.2MPa 或低压侧压力低于 0.19MPa 时，停止吸合压缩机继电器进行保护。

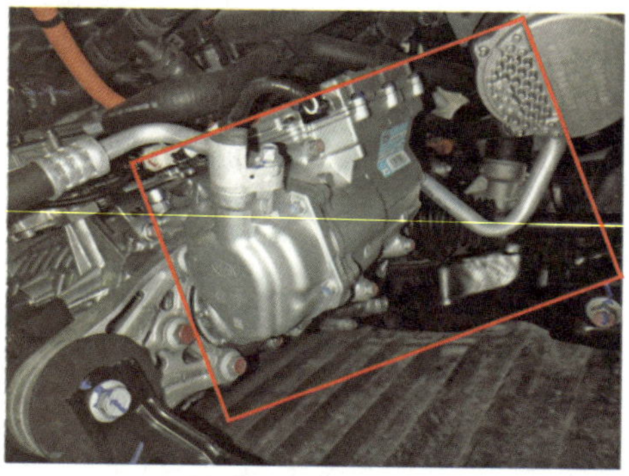

图 6-1-8　电动压缩机的安装位置

　　目前，电动压缩机的主流趋势是控制与压缩机本体集成的方式，其主要结构简而言之就是压缩机加电控的组合体，比亚迪秦 EV 车型也不例外，采用适合高电压、变频节能的一体化压缩机，类型为涡旋式，如图 6-1-9 所示。螺旋形内盘由三相交流同步电机通过一个轴驱动并进行偏心旋转。通过固定式螺旋形外盘（静盘）上的两个开口吸入低温低压气态制冷剂，然后通过动盘向中部移动，使制冷剂压缩、变热。以偏心方式转动三圈后，吸入的制冷剂压缩、变热，可通过外盘中部的开口以气态形式释放。高温高压气态制冷剂从此处经机油分离器流至电动压缩机出口，经过消声器输送到冷凝器，冷凝器放热后变成高温高压气态制冷剂，经干燥瓶到膨胀阀，节流后变成低温低压液雾状进入蒸发器；制冷剂吸收鼓风机吹过的空气变成低温低压气态制冷剂，变冷的空气最后进入车内。

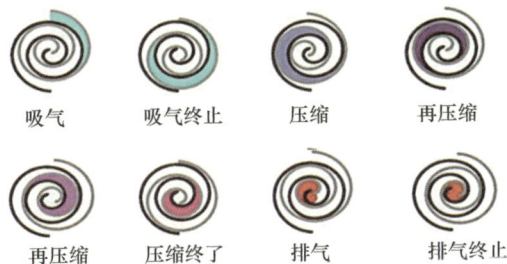

图 6-1-9　涡旋式压缩机的压缩工作过程

　　空调压力保护方式是通过压力传感器，压力过高或过低时进行压力保护。温度保护方式分为蒸发器温度保护（低温保护 0~2℃）、压缩机温度过高保护〔高温保护（130±5）℃〕。

　　（2）电子膨胀阀　电子膨胀阀和变频压缩机一起有效工作，其安装位置如图 6-1-10 所示，同时，利用它精确控制流量的功能整体提升空调系统工作效率。可实时调节开阀速度、开度，根据控制器的脉冲电压信号，线圈驱动步进转子旋转；通过精密丝杠传动，转子将旋转运动转化为阀芯的轴向直线移动；通过上述运动，阀芯在控制器的控制下实现调节阀体通道大小，从而达到制冷剂的设计流量。比亚迪秦 EV 车型安装有两个电子膨胀阀，正常情况，空调控制器控制电子膨胀阀 1 打开，给驾驶室制冷，当动力蓄电池的温度高于 38℃时，空调控制器控制电子膨胀阀 2 打开，同时给驾驶室和动力蓄电池冷却液散热。动力蓄电池的温度降至 33℃时，关闭电子膨胀阀 2。当动力蓄电池的温度高于 55℃时，空调控制器会控制电子膨胀阀 1 关闭，即关闭驾驶室的制冷，待动力蓄电池温度降至 55℃时，空调控制器控制电子膨胀阀 1 打开。

图 6-1-10　电子膨胀阀的安装位置

　　（3）充注阀口　比亚迪秦 EV 车型采用 R134a 系统：抽真空、保压、加注合为一体加注；而原来比亚迪 e5 空调系统采用的是 R410a 制冷剂，抽真空和加注分开为两套设备。在空调系统维修过程中，如需要更换零部件时，一定要用制冷剂回收设备或者压力表放出制冷剂。避免高压制冷剂喷出，给维修人员造成伤害。

　　（4）PTC 加热器　暖风系统采用 PTC 加热器，额定功率为 6kW，PTC 加热冷却液后供给暖风芯体，具体含义如图 6-1-11 所示。

　　该 PTC 加热器自带冷却液温度传感器、高压互锁装置、IGBT 模块、电压采集、电流采集以及对应的自动保护程序，其安装位置及结构如图 6-1-12 所示。

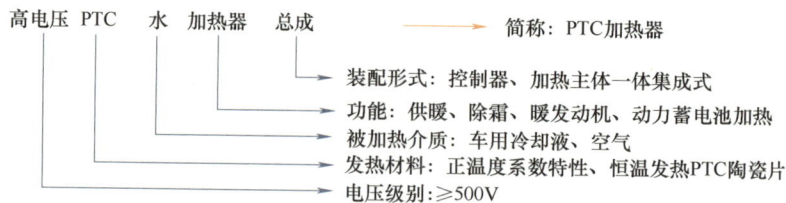

图 6-1-11　PTC 加热器的具体含义

高电压　PTC　水　加热器　总成　————→　简称：PTC加热器
装配形式：控制器、加热主体一体集成式
功能：供暖、除霜、暖发动机、动力蓄电池加热
被加热介质：车用冷却液、空气
发热材料：正温度系数特性、恒温发热PTC陶瓷片
电压级别：≥500V

　　PTC 加热器上布置有冷却液温度传感器，用以监测流经 PTC 加热器后的冷却液温度数值。PTC 加热器的功率大小由空调控制器根据室内温度、设定温度和冷却液温度等信息综合判断后决定。

　　（5）暖风水泵　暖风水泵安装在充配电总成下面的横梁上，图 6-1-13 所示为暖风水泵的安装位置。

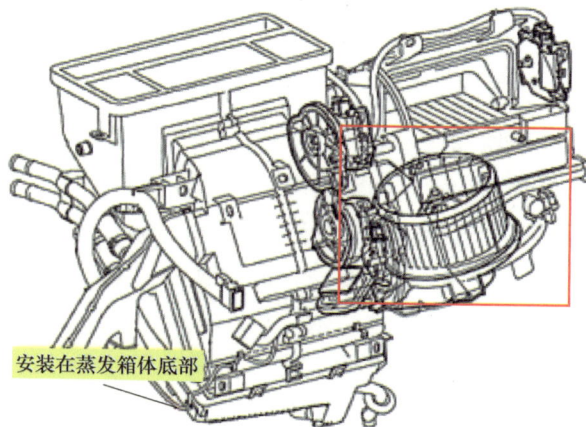

接PTC加热模块进、出水管

图 6-1-12　PTC 加热器的安装位置及结构

　　（6）空调控制器　空调控制器是整个空调系统（包括制冷、供暖）的总控中心，协调控制空调系统的工作，它安装在蒸发箱体底部，如图 6-1-14 所示。空调控制器在整车 CAN 网络上属于舒适网，但它与电动压缩机模块、PTC 模块组成一个空调子网。

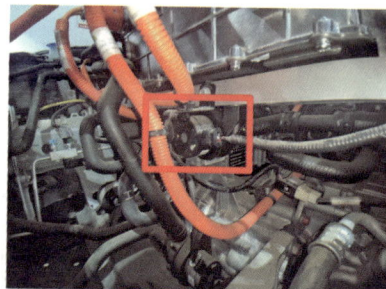

图 6-1-13　暖风水泵的安装位置

安装在蒸发箱体底部

图 6-1-14　空调控制器的安装位置

工作计划

按照前面所了解的知识内容和小组内部讨论的结果，制订工作方案，包括资料查阅渠道的落实、任务实施任务中的内容分工等，完成表 6-1-2。

表 6-1-2　工作方案表

步骤	工 作 内 容	负责人
1		
2		
3		
4		
5		

进行决策

1）各组派代表阐述资料查询结果。

2）各组就各自的查询结果进行交流，并分享技巧。

3）教师结合各组完成的情况进行点评，并选出最佳方案。

任务实施

一、任务准备

1. 设备及工具准备

设备及工具准备见表 6-1-3。

表 6-1-3　设备及工具准备

序　号	设备及工具名称	数　量
1	数字万用表	1 台
2	示波器	1 台
3	绝缘防护套装	1 套
4	常规工具套装	1 套
5	比亚迪秦 EV 整车	1 辆

2. 场地准备

1）任务实施前需要做好场地防护准备，检查实训场地和设备设施是否存在安全隐患，如不正常需进行处理后，方可实施任务。

2）本实训任务用到实车，任务实施前需要在车辆周围围上隔离带，并摆上安全提示牌。

3. 安全防护准备

1）检测各个设备以及所需要器材是否完好。

2）涉及高压安全操作，务必做好充分防护操作。

4. 其他辅助准备

汽车维修手册、教材、实训工作页、笔。

二、实施步骤

1. 比亚迪秦 EV 暖风系统和空调系统组件的认知识别

1）识别前舱组件，如图 6-1-2 所示。

2）识别前舱组件实物图，如图 6-1-15 所示。

图 6-1-15　前舱组件实物图

a）冷却风扇后方冷凝器　b）电池空调热管理膨胀水箱　c）电池热管理水泵
d）制冷管路　e）板式换热器　f）冷风水管　g）PTC 加热器　h）电动压缩机

3）识别驾驶室空调组件，如图 6-1-3 所示。

4）识别驾驶室空调组件实物图，如图 6-1-16 所示。

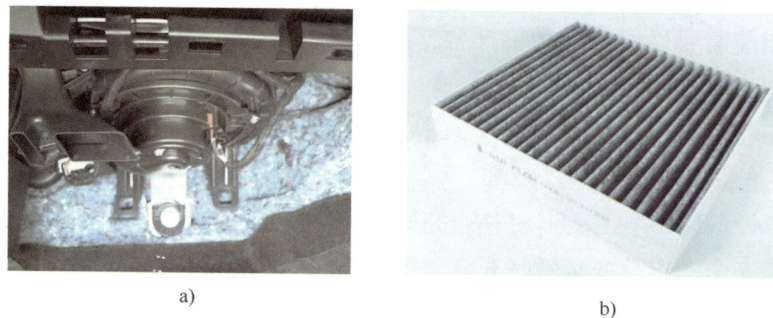

图 6-1-16　驾驶室空调组件实物图

a）鼓风机　b）空调滤芯

其他组件，如进风口、除霜电机、蒸发器、循环电机、模式电机、冷暖电机、鼓风机调速模块、风加热 PTC 均在驾驶室仪表板下面，需要拆开才能看到对应部件。

5）空调及电池热管理控制器及二合一传感器的结构如图 6-1-4 所示。

6）空调及电池热管理控制器及二合一传感器实物图如图 6-1-17 所示。

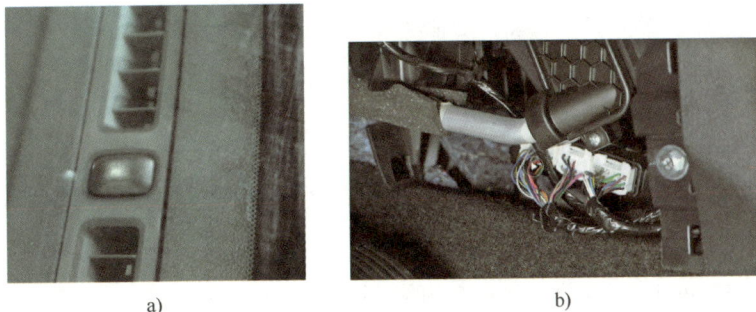

a)   b)

图 6-1-17 空调及电池热管理控制器及二合一传感器实物图

a）二合一传感器 b）空调及电池热管理控制器

7）风道结构拆分图如图 6-1-5 所示。

2. 比亚迪秦 EV 暖风系统及空调系统组件的更换流程及注意事项

（1）更换注意事项

1）维护空调系统必须由专业技术人员进行。

2）维修前应使工作区通风，请勿在封闭的空间或接近明火的地方操作制冷剂。维修前应戴好眼罩，保持至维修完毕。

3）避免液体制冷剂接触眼睛和皮肤。若液体制冷剂接触眼睛和皮肤，应用大量冷水冲洗，并注意：不要揉眼睛或擦皮肤，并在皮肤上涂凡士林软膏。严重的要立刻到医院进行专业治疗。

4）制冷系统中如果没有足够的制冷剂，请勿运转压缩机；避免由于系统中无充足的制冷剂并且油润滑不足造成的压缩机可能烧坏的情况。

5）压缩机运转时不要打开压力表高压阀，只能打开和关闭低压阀。

6）必须使用专用冷冻油。切记乱用不同品牌或不同型号的润滑油代替，更不能进行不同牌号润滑油的混用。

7）比亚迪秦 EV 空调系统制冷剂加注量为 550g，冷冻油总量为 160mL，当系统因渗漏导致冷冻油总量低于 55mL 时，就有可能造成压缩机的过度磨损，因此维修站应视情况补加冷冻油。

8）空调压力保护方式是通过三态压力开关，压力过高或过低时压力开关都会断开。温度保护方式分为蒸发器温度保护（低温保护 0~3℃）、压缩机温度过高保护［高温保护不得高于（130±5）℃］。

9）维修时应注意，打开管路的 O 形密封圈必须更换，并在装配前在密封圈上涂冷冻油后按要求力矩连接。

10）维修中严格按技术要求操作（充注量、冷冻油型号、力矩要求等），按照要求检修空调，保证空调系统的正常工作和使用寿命。

11）因冷冻油具有较强的吸水性，在拆下管路时要立即用堵头或口盖堵住管口，避免湿气或灰尘进入制冷系统。

12）在排放系统中过多的制冷剂时，排放速度不要过快，以免将系统中的压缩机油也被抽出来。

13）定期清洁空气过滤网，保持良好的空气调节质量。

14）检查冷凝器散热片的表面是否有脏污，不要用蒸汽或高压水枪冲洗，以免损坏冷凝器散热片，应用软毛刷刷洗进行清洁。

15）同时，也应该避免制冷剂过量。若制冷剂过量，会导致制冷不良。

（2）空调控制器的更换流程　空调控制器的拆卸步骤如下：

1）将电源档位退至 OFF 档。

2）断开辅助蓄电池负极。

3）拆卸副仪表板左前护板总成。

4）断开空调及电池热管理控制器插接器。

5）拆卸空调及电池热管理控制器支架（控制器随支架一起）。图 6-1-18 所示为拆卸空调控制器。

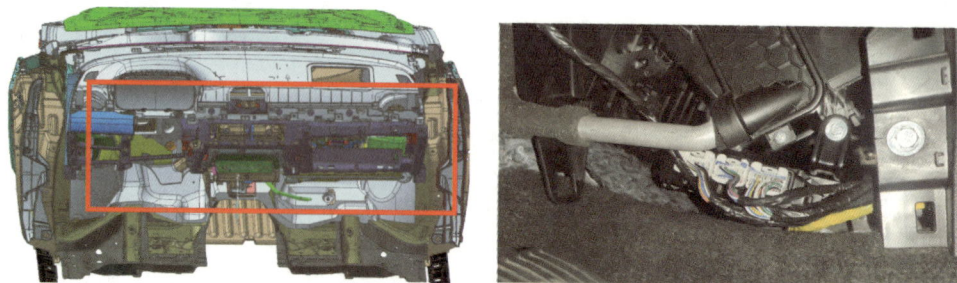

图 6-1-18　拆卸空调控制器

空调控制器的安装步骤如下：

1）将空调控制器置于安装位置后接上插接器，打上两个紧固件。

2）安装空调及电池热管理控制器插接器。

3）安装副仪表板左前护板总成。

4）接上辅助蓄电池负极。图 6-1-19 所示为空调控制器的安装位置。

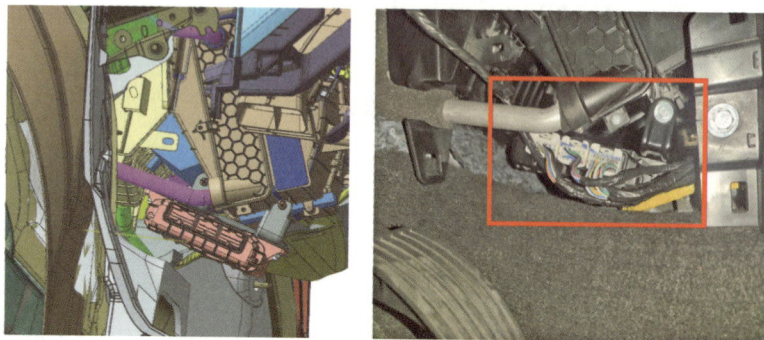

图 6-1-19　空调控制器的安装位置

（3）PTC 加热器总成的更换流程　PTC 加热器总成的拆卸步骤如下：

1）将电源档位退至 OFF 档，如图 6-1-20 所示。

2）断开辅助蓄电池负极，使用绝缘胶带包裹防护，如图 6-1-21 所示。

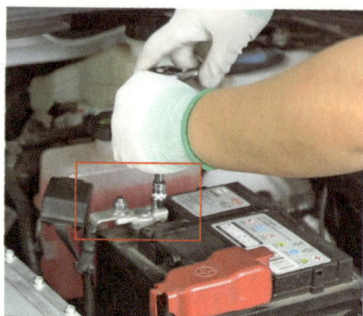

图 6-1-20　将电源档位退至 OFF 档

图 6-1-21　使用绝缘胶带包裹辅助蓄电池负极

3）等主被动放电后拔下动力蓄电池包动力母线（注意安全防护），使用万用表检验电压小于 1V，如图 6-1-22 和图 6-1-23 所示。

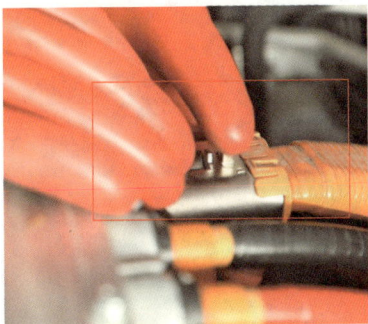

图 6-1-22　拔下动力蓄电池包动力母线

图 6-1-23　使用万用表检验电压

4）拔下 PTC 加热器高压母线，注意高压插头三道锁止（绝缘胶带进行防护），如图 6-1-24 所示。

5）拔下低压插接器，打开电池空调热管理膨胀水箱盖，使用配套工具拆卸动力蓄电池包进 / 排水管任意一根水管，排空冷却液，如图 6-1-25 和图 6-1-26 所示。

图 6-1-24　拔下 PTC 加热器高压母线

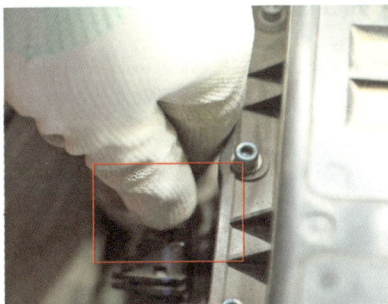

图 6-1-25　拔下低压插接器

6）使用 10mm 的套筒扳手拆卸搭铁线，如图 6-1-27 所示。

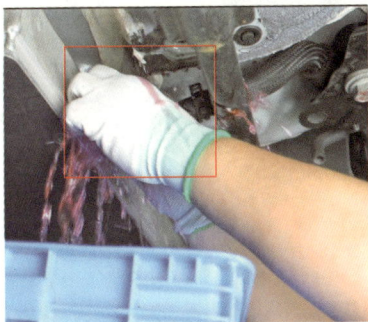

图 6-1-26　拆卸动力蓄电池包进 / 排水管

图 6-1-27　拆卸搭铁线

7）使用 10mm 与 13mm 的套筒扳手拆下 PTC 加热器总成即可。图 6-1-28 所示为拆卸 PTC 加热器总成示意图。

PTC 加热器总成的安装步骤如下：

1）使用套筒将 PTC 加热器固定在安装架上，如图 6-1-29 所示。

2）连接搭铁线，如图 6-1-30 所示。

3）连接低压插接器与进出口水管，如图 6-1-31 和图 6-1-32 所示。

图 6-1-28　拆卸 PTC 加热器总成示意图

图 6-1-29　使用套筒固定 PTC 加热器

图 6-1-30　连接搭铁线

图 6-1-31　连接低压插接器

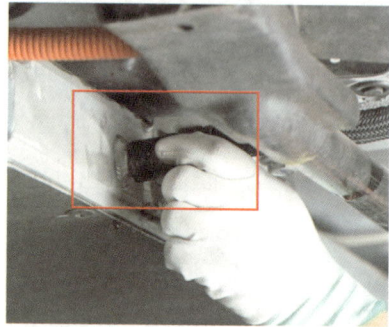

图 6-1-32　连接进出口水管

4）连接 PTC 加热器高压母线，如图 6-1-33 所示。

5）连接动力蓄电池高压母线，如图 6-1-34 所示。

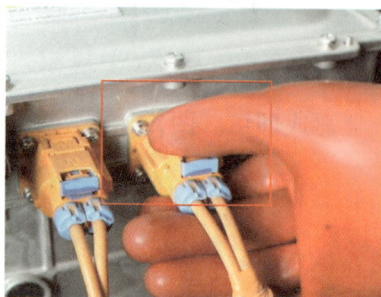

图 6-1-33　连接 PTC 加热器高压母线

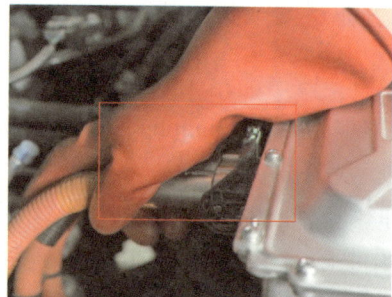

图 6-1-34　连接动力蓄电池高压母线

6）加入适量的冷却液，车辆上电，通过道通 908E 进行管路排空，如图 6-1-35 和图 6-1-36 所示。

7）连接辅助蓄电池负极，车辆上电后开暖空调运行一段时间，查看供暖是否正常。

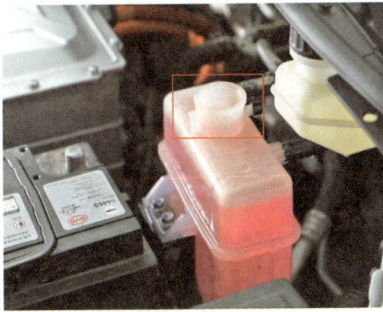

图 6-1-35　加入适量冷却液

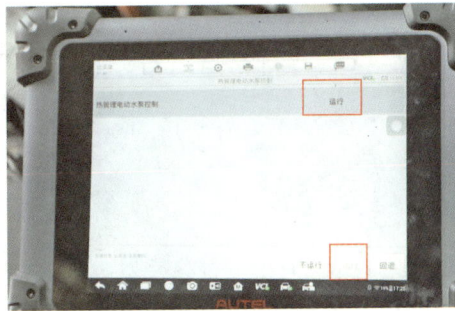

图 6-1-36　道通诊断仪查看暖空调运行情况

（4）电动压缩机的更换流程　电动压缩机的拆卸步骤如下：

图 6-1-37 所示为电动压缩机的位置图。

1）将电源档位退至 OFF 档。

2）断开辅助蓄电池负极。

3）等主被动放电后拔下动力蓄电池包动力母线（注意安全防护），图 6-1-38 所示为电动压缩机输入高压母线。

图 6-1-37　电动压缩机的位置图

图 6-1-38　电动压缩机输入高压母线

4）拔下压缩机高压母线和低压插接器（注意安全防护），图 6-1-39 所示为电动压缩机的低压插接件位置。

5）使用空调压力表从高低压管释放制冷剂（注意安全规范操作），图 6-1-40 所示为空调压力表，图 6-1-41 所示为温度压力传感器。

图 6-1-39　电动压缩机的低压插接件位置

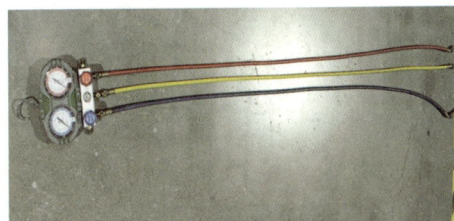

图 6-1-40　空调压力表

6）使用 10mm 的套筒扳手拆下连接压缩机的空调管，在插空调管前，需要回收空调制冷剂。图 6-1-42 所示为回收空调制冷剂的位置。

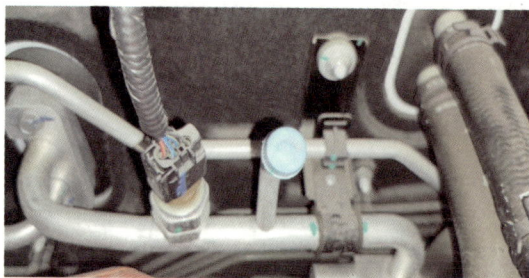

图 6-1-41　温度压力传感器

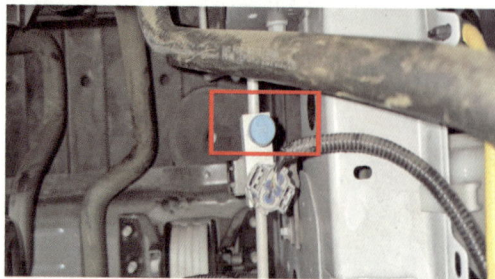

图 6-1-42　回收空调制冷剂的位置

7）使用 10mm 的套筒扳手拆下固定压缩机的四颗螺栓，取下压缩机。

电动压缩机的安装步骤如下：

1）将电动压缩机固定在减速器上。

2）连接压缩机上的空调管。

3）连接低压插接器与动力母线和压缩机母线。

4）再使用专用工具加入适量制冷剂。

5）连接辅助蓄电池负极，上电后开空调运行。

评价反馈

1）各组代表展示汇报 PPT，介绍任务的完成过程。

2）以小组为单位，请对各组的操作过程与操作结果进行自评和互评，并将结果填入表 6-1-4 中。

表 6-1-4　学生评价表

姓名		学号				班级			组别		
实训任务											
评价项目	分值	等　级				评价对象（组别）					
		A	B	C	D	1	2	3	4	5	6	7	8
方案合理	20	20	15	10	5						
团队合作	20	20	15	10	5						
工作质量	20	20	15	10	5						
工作规范	20	20	15	10	5						
汇报展示	20	20	15	10	5						
合计	100	各组得分									
总结与反思											

（如：学习过程中遇到什么问题→如何解决的／解决不了的原因→心得体会）

3）教师对学生工作过程与工作结果进行评价，并将评价结果填入表 6-1-5 中。

表 6-1-5 教师对学生评价表

姓名			学号	班级	组别	
实训任务						
评价项目			评价标准		分值	得分
考勤（10%）			无迟到、早退和旷课的现象		10	
工作过程（60%）	知识目标	获取信息	掌握工作相关知识		10	
		进行决策	制订工作方案，方案合理可行		10	
	技能目标	任务实施	能够按照要求做好设备及工具准备 正确进行场地准备 做好安全防护准备和其他防护准备		5	
			理解实训操作顺序 能够按照正确的步骤进行操作		5	
			能够根据实训操作 做好完善的记录		5	
			正确完成全部实训操作 按要求进行 6S 整理		5	
	素养目标	工作态度	认真严谨、积极主动 安全生产、文明施工		5	
		团队合作	与小组成员和同学之间能合作交流，友好协调工作		5	
		工作质量	能按照工作方案操作 按计划完成工作任务		10	
项目成果（30%）		工作完整	能按时完成工作任务的所有环节		10	
		工作规范	能在整个操作过程中规范操作，避免意外事故的发生		10	
		汇报展示	能准确表达和汇报工作成果		10	
合计					100	
综合评价		学生评价（50%）		教师评价（50%）	综合得分	
综合评语		（作业过程中存在的问题及改进建议）				

任务二　空调故障诊断与维修

🎯 任务目标

知识目标

1. 理解新能源汽车暖风系统和空调系统的工作原理。
2. 熟悉各个信号的控制逻辑。
3. 掌握通过维修手册查找到暖风系统和空调系统端子的方法。

技能目标

1. 具备从多途径的信息源中检索专业知识的能力。
2. 具备空调系统故障诊断与维修的能力。

素养目标

1. 掌握分析解决问题以及多元化思考解决问题的方法，形成创新意识。
2. 具有良好的团队协作精神和较强的组织沟通能力。
3. 具备良好的职业道德，尊重他人劳动，不窃取他人成果。

🚀 任务框图

📖 任务导入

　　一名 4S 店的维修人员在对一辆比亚迪秦 EV 汽车空调和冷风系统的故障进行排查。发现车辆有以下现象：按下遥控钥匙解锁按钮，车辆双闪闪烁两下，解锁成功车辆防盗认证通过后，进入车辆，踩下制动踏板，按下起动按钮，仪表点亮显示："OK 灯点亮"车辆高压上电成功。接着打开空调制冷开关，但是电动压缩机无法工作。

　　如果你是该 4S 店的工作人员，请问你会如何进行这个空调系统无法制冷的故障排除呢？

👥 任务分组

　　学生任务分配表见表 6-2-1。

表 6-2-1 学生任务分配表

班　级		组　号		指导老师	
组　长		学　号			
组　员	姓名：＿＿＿＿＿ 学号：＿＿＿＿＿ 姓名：＿＿＿＿＿ 学号：＿＿＿＿＿ 姓名：＿＿＿＿＿ 学号：＿＿＿＿＿ 姓名：＿＿＿＿＿ 学号：＿＿＿＿＿		姓名：＿＿＿＿＿ 学号：＿＿＿＿＿ 姓名：＿＿＿＿＿ 学号：＿＿＿＿＿ 姓名：＿＿＿＿＿ 学号：＿＿＿＿＿ 姓名：＿＿＿＿＿ 学号：＿＿＿＿＿		
任务分工					

（就组讨论、工具准备、数据采集、数据记录、安全监督、成果展示等工作内容进行任务分工）

获取信息

引导问题1：请你查阅相关资料，了解比亚迪秦 EV 车型暖风系统和空调系统的工作原理，并写在下面的横线上。

_____

_____

知识点提示

比亚迪秦 EV 车型暖风系统和空调系统工作原理如下：

1. 制冷原理

比亚迪秦 EV 车型制冷是通过电动压缩机、冷凝器、电子膨胀阀、蒸发器、鼓风机、空调控制器和空调制冷管路等组件组合成的系统来实现的，空调控制器通过控制电动压缩机转速、电子膨胀阀、鼓风机和冷暖风门来实现空调的制冷，如图 6-1-6 所示。

注意：21 款比亚迪秦 EV 车型的空调控制器集成在 BCM 内。

由空调驱动器驱动的电动压缩机 BC28 将高温高压的气态制冷剂压入冷凝器。高压气态制冷剂经冷凝器时，散热风扇对冷凝器进行热交换，释放热量，将高温气态制冷剂变成高温液态制冷剂，热量被车外的空气带走。

高压液态的制冷剂经电子膨胀阀 1 的节流作用后降压，低压液态制冷剂在蒸发器中气化而进行热交换（吸收热量），蒸发器附近被冷却了的空气通过鼓风机吹入车厢。气态的制冷剂又被压缩机抽走进行压缩产生高温高压气态制冷剂泵入冷凝器，如此使制冷剂进行封闭的循环流动，不断地将车厢内的热量排到车外，使车厢内的气温降至适宜的温度。

2. 供暖原理

供暖是通过 PTC 加热器、暖风水泵、暖风芯体、鼓风机、空调控制器和空调供暖管路等组件组合成的系统来实现，空调暖风系统框图如图6-1-7所示。空调控制器通过控制PTC加热器、暖风水泵、鼓风机和冷暖风门来实现空调的供暖。

比亚迪秦EV车辆暖风系统采用PTC加热器加热冷却液，加热后的冷却液流经暖风芯体将热量传递给鼓风机吹出的空气，冷却后的冷却液由水泵泵进PTC加热器，如此循环。加热后的空气被送到车厢内或风窗玻璃，用以提高车厢内的温度和除霜。

3. 电池热管理功能

电池热管理功能包括通过空调控制器控制电动压缩机、电子膨胀阀2、制冷剂等给动力蓄电池冷却液冷却，在电池管理检测到电池温度低于5℃时，空调控制器控制PTC加热冷却液，通过电子水泵给动力蓄电池加热和加强电池内循环功能。图6-1-7所示为电池热管理功能流程图。

4. 控制原理

比亚迪秦EV车型全电动空调控制逻辑框图如图6-2-1所示。

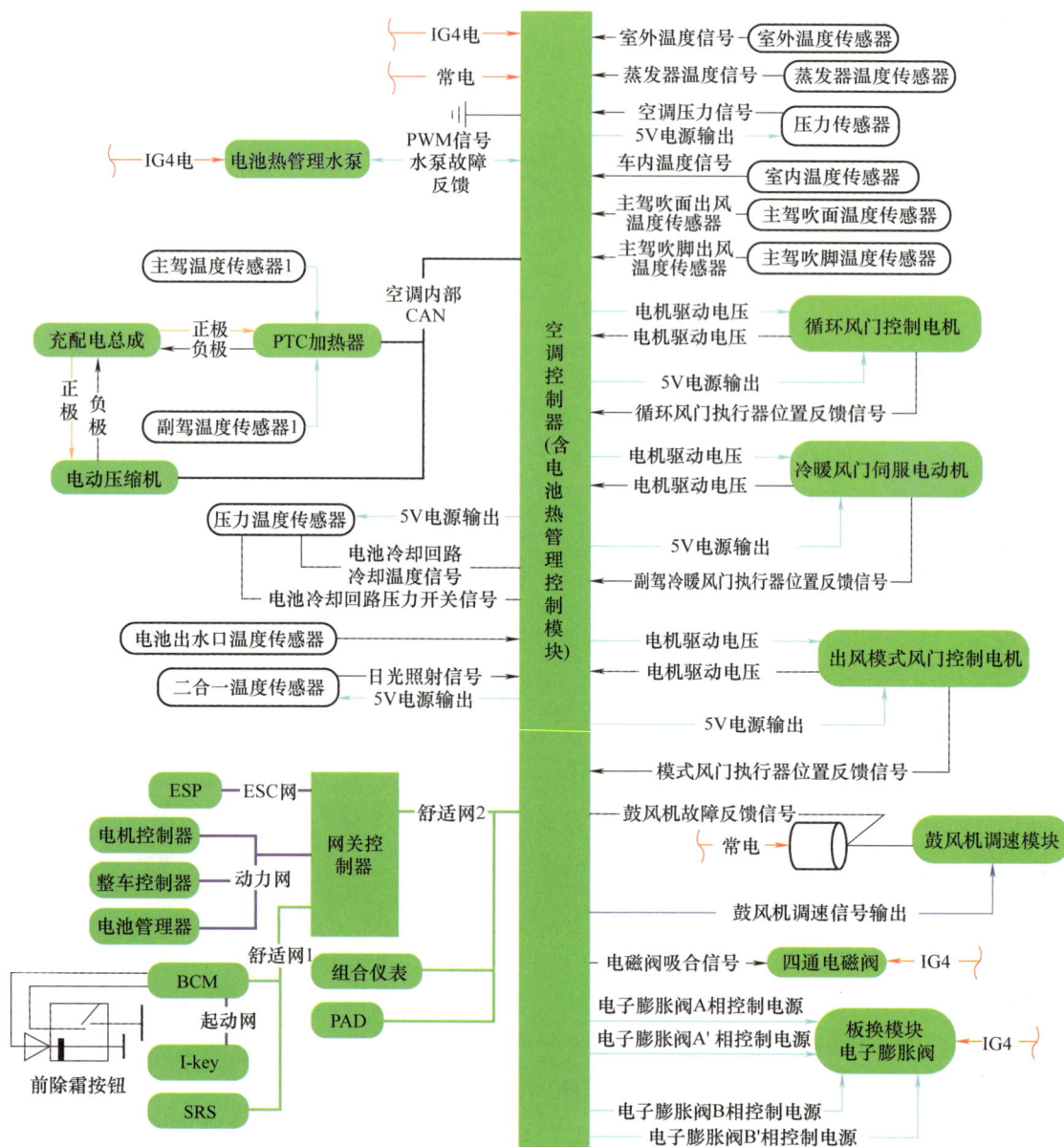

图6-2-1　比亚迪秦EV车型全电动空调控制逻辑框图

（1）风扇控制　空调打开且空调控制器检测到中压开关低电平信号后，空调控制器通过舒适网 2 在网关控制器内与整车控制器之间进行通信，整车控制器控制风扇低速或高速旋转。

注：风扇高速工作之前，低速风扇必须先运行 2s，然后风扇高速运转。

开启压缩机的同时，空调控制器检测系统压力值，向整车控制器发送电子风扇的运行需求，由整车控制器控制继电器调节散热风扇的速度。

当空调系统压力 < 2.7MPa 时，发送低速档位。

当空调系统压力 ≥ 2.7MPa 时，发送高速档位。

（2）制冷控制　通过空调面板打开空调后，且空调控制器通过高压侧的压力温度传感器、低压侧的压力温度传感器和蒸发器温度传感器信号，控制电动压缩机工作。电动压缩机的电源通过高压电控总成中的空调接触器进行控制。由电子膨胀阀精确控制流量的功能整体提升空调系统工作效率。

（3）暖风控制　通过空调面板设定温度后，空调控制器根据室内外温度、设定温度、冷却液温度等信息综合判断后，PTC 加热器工作。PTC 加热器的电源通过高压电控总成中的空调接触器进行控制。当鼓风机电机打开时，空调控制器根据空气混合风门开度打开电动水泵。

📋 工作计划

按照前面所了解的知识内容和小组内部讨论的结果，制订工作方案，包括资料查阅渠道的落实、任务实施任务中的内容分工等，完成表 6-2-2。

表 6-2-2　工作方案表

步骤	工作内容	负责人
1		
2		
3		
4		
5		

👤 进行决策

1）各组派代表阐述资料查询结果。

2）各组就各自的查询结果进行交流，并分享技巧。

3）教师结合各组完成的情况进行点评，并选出最佳方案。

🧑‍🤝‍🧑 任务实施

一、任务准备

1. 设备及工具准备

设备及工具准备见表 6-2-3。

空调故障
检修

表 6-2-3　设备及工具准备

序　号	设备及工具名称	数　量
1	数字万用表	1 台
2	示波器	1 台
3	绝缘防护套装	1 套
4	常规工具套装	1 套
5	比亚迪秦 EV 整车	1 辆

2. 场地准备

1）任务实施前需要做好场地防护准备，检查实训场地和设备设施是否存在安全隐患，如不正常需进行处理后，方可实施任务。

2）本实训任务用到实车，任务实施前需要在车辆周围围上隔离带，并摆上安全提示牌。

3. 安全防护准备

1）检测各个设备以及所需要器材是否完好。

2）涉及高压安全操作，务必做好充分防护操作。

4. 其他辅助准备

汽车维修手册、教材、实训工作页、笔。

二、实施步骤

1. 比亚迪秦 EV 车型暖风系统和空调系统信号的测量

1）比亚迪秦 EV 车型暖风系统和空调系统电路原理图，如图 6-2-6 所示。在进行测量时，可以参照图 6-2-2~ 图 6-2-5 所示的电路图进行相关部位的正常情况判断。

2）比亚迪秦 EV 车型暖风系统和空调系统空调控制器端子定义见表 6-2-4，请进行测量并填写空白部分。

表 6-2-4　比亚迪秦 EV 车型暖风系统和空调系统空调控制器端子定义

端子号	线　色	端子描述	条　件	正　常　值
A1	Gr/L	ON 档电		
A2	G	空调回路电子膨胀阀 C 端驱动		
A3		—		—
A4	W/G	空调回路水阀驱动电源二（CW：-；CCW：+）		
A5	Y/L	冷暖电机驱动电源二（CW：-；CCW：+）		
A6		—		
A7	G/L	电池热管理电子膨胀阀 C 端驱动		
A8	W/B	电池热管理电子膨胀阀 D 端驱动		
A9	L/W	空调回路电子膨胀阀端驱动		
A10	G/W	空调回路电子膨胀阀 B 端驱动		
A11	G/Y	空调回路电子膨胀阀 A 端驱动		—

（续）

端　子　号	线　　色	端　子　描　述	条　　件	正　常　值
A12		—		
A13	E/Y	空调回路水阀驱动电源一（CW：+；CCW：-）		
A14	Y/W	冷暖电机驱动电源一（CW：+；CCW：-）		
A15	L/W	模式电机驱动电源一（CW：+；CCW：-）		
A16	L	模式电机驱动电源二（CW：-；CCW：+）		
A17		—		
A18	B/W	电池热管理电子膨胀阀 A 端驱动		
A19	L/Y	电池热管理电子膨胀阀 B 端驱动		
A20	R	常电		
A21	R/Y	压力传感器电源和 P+T 传感器电源（输出 5V）		
A22	B	搭铁		
A23		—		
A24		—	—	—
A25	W/L	循环电机驱动电源二（CW：-；CCW：+）	—	—
A26	W	循环电机驱动电源一（CW：+；CCW：-）	—	—
B1		—	—	—
B2		—	—	—
B3	R/G	空调回路水泵继电器	—	—
B4	L/R		—	—
B5	G/B	前排鼓风机调速信号		
B6	B/L	电池热管理水泵 PWM（脉冲宽度调制）控制 & 反馈		
B7		—		
B8		—		
B9		—		
B10		—		
B11	W/R	循环电机反馈电源		
B12		—		
B13		—		
B14		—		
B15		—		
B16		—	—	—
B17	P	整车舒适网 2 CAH-H	—	—
B18	V	整车舒适网 2 CAN-L	—	—
B19		—	—	—
B20	L/R	模式电机反馈电源		

（续）

端 子 号	线 色	端子描述	条 件	正 常 值
B21	L/Y	空调回路水阀反馈电源		
B22		—		
B23	L/Y	P+T 传感器压力信号采集		
B24		—		
B25		—		
C1				
C2	L/W	P+T 传感器温度信号采集		
C3		—		
C4	Br/Y	冷却液温度传感器		
C5	B	接地		
C6	W	车外温度		
C7	B/L	主驾吹面出风口温度		
C8	W/Br	中压信号		
C9				
C10	L	车内温度		
C11	G/B	主驾吹脚出风口温度		
C12	P/B	蒸发器温度		
C13	Gr/L	高低压信号		
C14	R/W	日光照射传感器		
C15		—		
C16	L/R	空调回路水阀反馈信号		
C17	W/R	循环电机反馈信号		
C18	L/B	模式电机反馈信号		
C19	Y/B	冷暖电机反馈信号		
C20		—		
C21				
C22		—		
C23	Y/R	冷暖电机反馈电源		
C24	R/L	前鼓风机反馈信号		
C25		—		
C26		—		
C27	G/B	日光照射传感器电源		
C28				
C29		—		
C30		—		

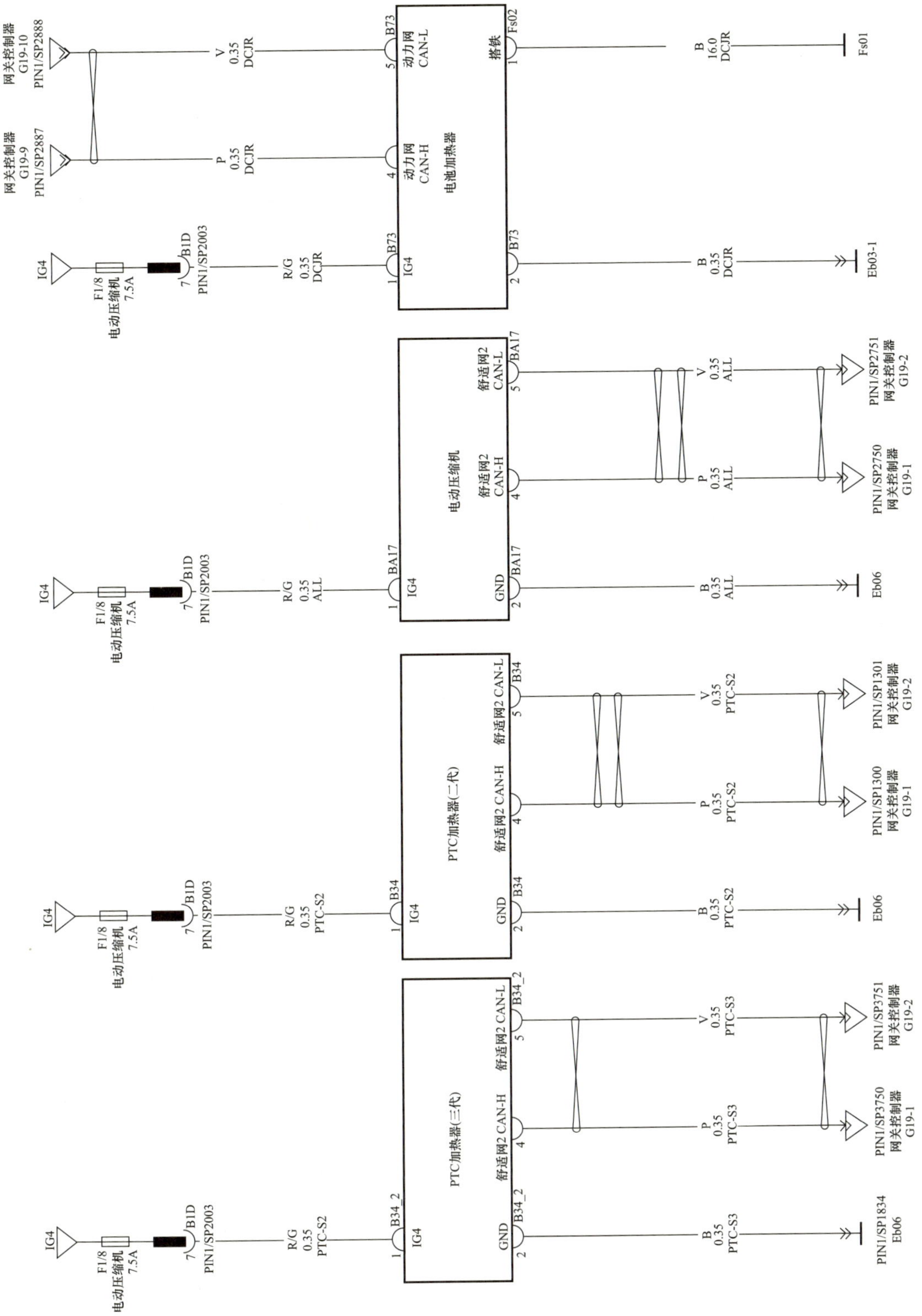

姓名	班级	日期

图 6-2-2　PTC 加热器 / 电动压缩机 / 电池加热器电路图

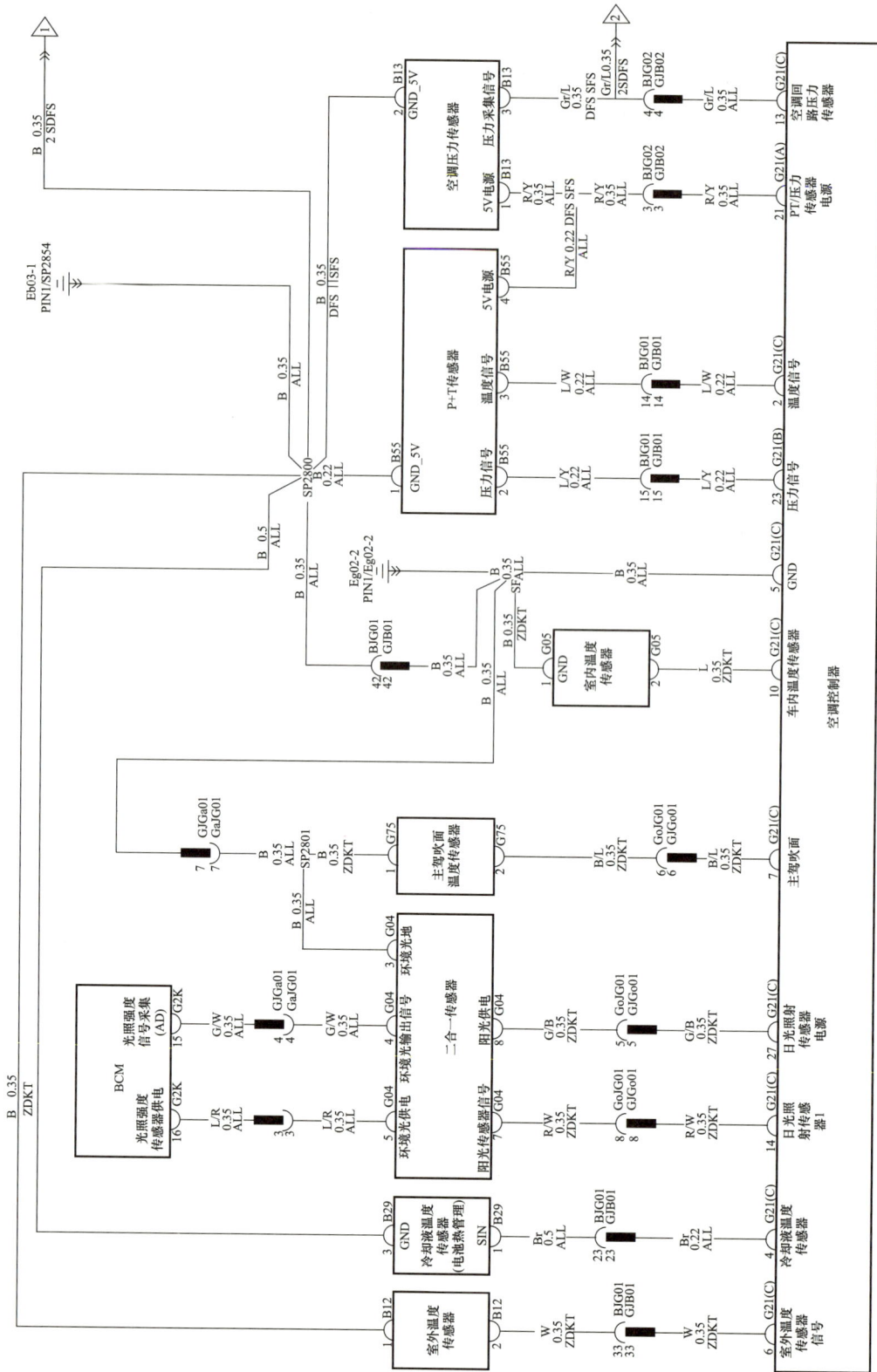

图 6-2-3　空调控制器电路图（一）

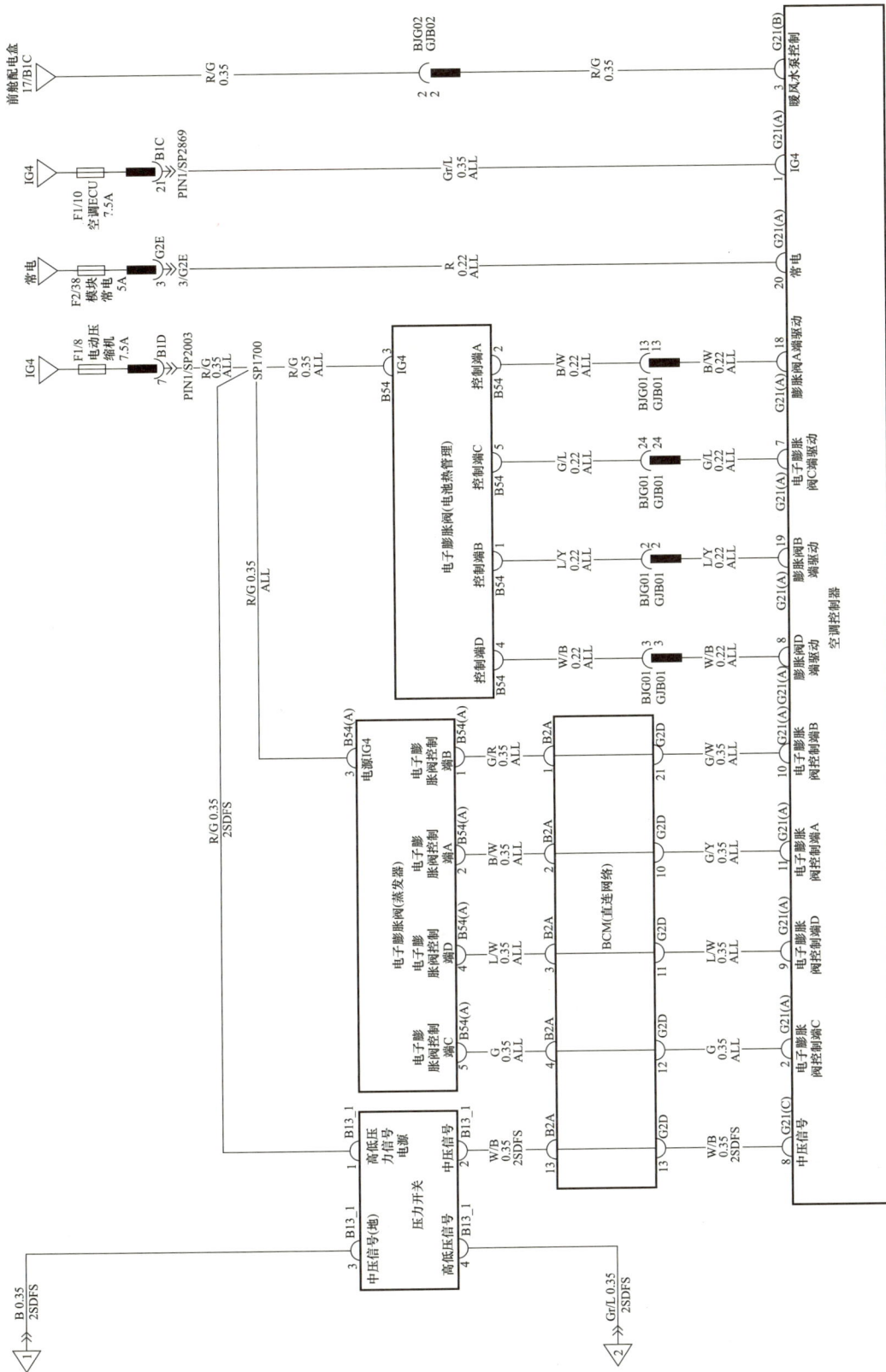

图 6-2-4 空调控制器电路图（二）

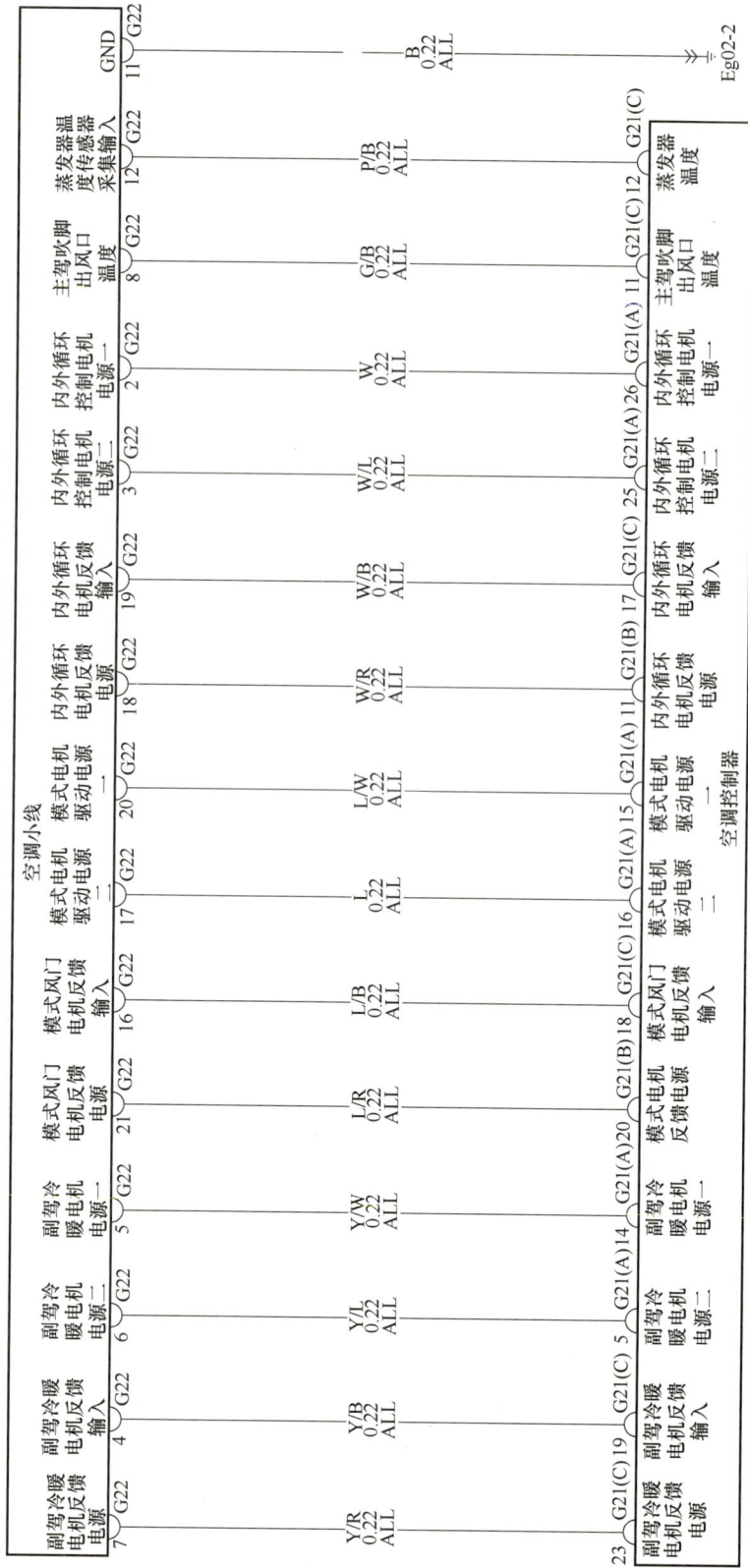

图6-2-5　空调控制器（空调小线）电路图

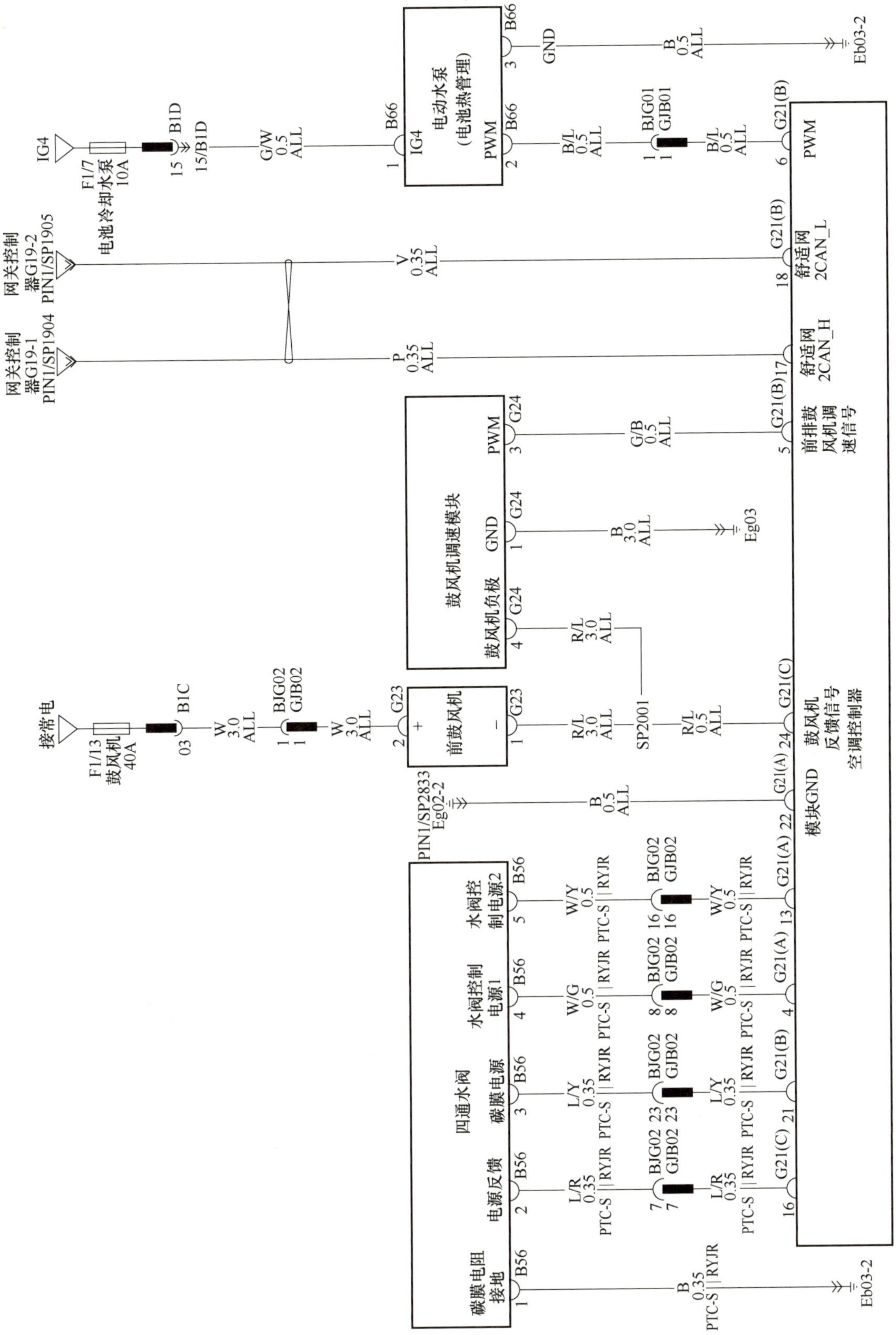

姓名		班级		日期	

图 6-2-6　比亚迪秦 EV 车型暖风系统和空调系统电路原理图

3）车内和车外温度传感器的检查。断开车内温度传感器插接器 G05、车外温度传感器插接器 B12，取下车内外温度传感器，测量其电阻值，标准值见表 6-2-5。

表 6-2-5　车内外温度传感器端子不同条件下的对应电阻值

端 子 号	条件 /℃	下限值 /kΩ	上限值 /kΩ
1-2	−25	126.4	134.7
	−10	54.60	57.65
	0	32.25	33.69
	10	19.68	20.35
	20	12.37	12.67
	30	7.95	8.14
	50	3.51	3.66

4）蒸发器温度的检查。断开蒸发器温度传感器插接器 G21，取下车内温度传感器，测量其电阻值，标准值见表 6-2-6。插接件 G21（A）、G21（B）、G21（C）如图 6-2-7 所示。

5）空调控制器的检查。从空调控制器插接器 G21（C）、G21（B）后端使用探针测量，打开空调，检查端子输出值，标准值见表 6-2-7。

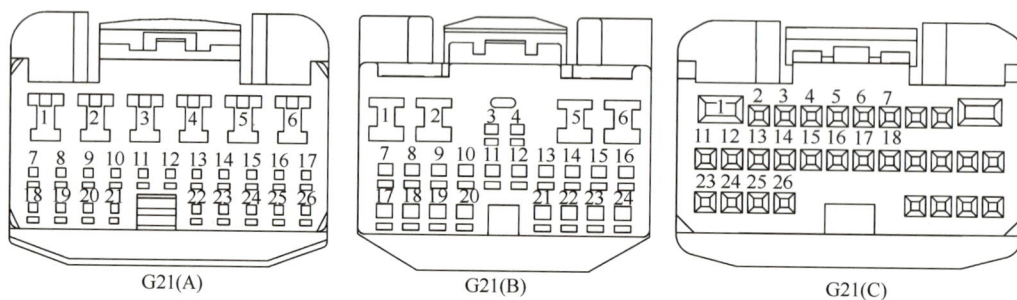

图 6-2-7　插接件 G21（A）、G21（B）、G21（C）

表 6-2-6　蒸发器车内外温度传感器端子不同条件下的对应电阻值

端 子 号	条件 /℃	下限值 /kΩ	上限值 /kΩ
G21-12-G21-11	−20	14.82	16.38
	0	5.081	5.559
	10	3.101	3.359
	15	2.466	2.644
	20	1.946	2.106
	30	1.276	1.354
	40	0.845	0.897

表 6-2-7　空调控制器端子不同条件下的电压值

端 子 号	条件（调节温度）	正常值 /V
G21（C）-17 - 车身地	开空调	约 5
G21（B）-11 - 车身地	32℃	约 0.9
	25℃	约 1.9
	18℃	约 4.1
G21（A）-25 - G21（A）-26	调节温度	11~14

2. 空调系统无法制冷的故障排查

如果车辆有以下现象：按下遥控钥匙解锁按钮，车辆双闪闪烁两下，解锁成功车辆防盗认证通过后，进入车辆，踩下制动踏板，按下起动按钮，仪表点亮显示："OK 灯点亮"车辆高压上电成功。接着打开空调制冷开关，但是电动压缩机无法工作，要进行空调系统无法制冷的故障排除。

1）将车辆连接故障诊断仪，进入比亚迪秦 EV，选择全车扫描，如图 6-2-8 所示。扫描完成后显示"UO25387 与压缩机失去通信"，如图 6-2-9 所示。导致电动压缩机无法正常通信工作的原因有模块供电、搭铁、信号，根据故障码的提示进行下一步排查。

图 6-2-8　车辆全车扫描

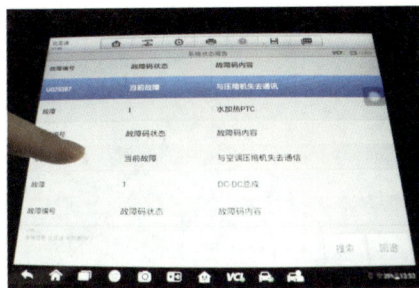

图 6-2-9　UO25387 与压缩机失去通信

2）打开前舱盖，找到电动压缩机模块，如图 6-2-10 所示。

3）连接辅助蓄电池负极，车辆高压上电，测量 BA17/1 对地电压，实测：13.8V，正常。

4）测量电动压缩机端 CAN-H 对地电压，如图 6-2-11 所示。实测值：以实际测量为准。标准值为 2.5~3.5V。

图 6-2-10　电动压缩机模块

图 6-2-11　测量电动压缩机端 CAN-H 对地电压

5）测量电动压缩机 CAN-L 对地电压，如图 6-2-12 所示。实测值：以实际测量为准。标准值为 1.5~2.5V。

6）车辆下电，断开辅助蓄电池负极，拔下 BA17、G19 插接器，测量电动压缩机端 CAN-H 至网关 CAN-H 之间电路电阻，如图 6-2-13 所示。实测：∞，正常值：小于 1Ω。

故障确认：电动压缩机端 CAN-H 至网关 CAN-H 之间电路断路。

图 6-2-12　测量电动压缩机端 CAN-L 对地电压

图 6-2-13　测量电动压缩机端 CAN-H 至网关 CAN-H 之间电路电阻

评价反馈

1）各组代表展示汇报 PPT，介绍任务的完成过程。

2）以小组为单位，请对各组的操作过程与操作结果进行自评和互评，并将结果填入表 6-2-8 中。

表 6-2-8　学生评价表

姓名		学号			班级			组别				
实训任务												
评价项目	分值	等级				评价对象（组别）						
		A	B	C	D	1	2	3	4	5	6	7	8
方案合理	20	20	15	10	5							
团队合作	20	20	15	10	5							
工作质量	20	20	15	10	5							
工作规范	20	20	15	10	5							
汇报展示	20	20	15	10	5							
合计	100	各组得分										
总结与反思												

（如：学习过程中遇到什么问题→如何解决的／解决不了的原因→心得体会）

3）教师对学生工作过程与工作结果进行评价，并将评价结果填入表 6-2-9 中。

表 6-2-9　教师对学生评价表

姓名			学号		班级		组别	
实 训 任 务								
评 价 项 目			评 价 标 准				分值	得分
考勤（10%）			无迟到、早退和旷课的现象				10	
工作过程（60%）	知识目标	获取信息	掌握工作相关知识				10	
		进行决策	制订工作方案，方案合理可行				10	
	技能目标	任务实施	能够按照要求做好设备及工具准备 正确进行场地准备 做好安全防护准备和其他防护准备				5	
			理解实训操作顺序 能够按照正确的步骤进行操作				5	
			能够根据实训操作 做好完善的记录				5	
			正确完成全部实训操作 按要求进行 6S 整理				5	
	素养目标	工作态度	认真严谨、积极主动 安全生产、文明施工				5	
		团队合作	与小组成员和同学之间能合作交流，友好协调工作				5	
		工作质量	能按照工作方案操作 按计划完成工作任务				10	
项目成果（30%）		工作完整	能按时完成工作任务的所有环节				10	
		工作规范	能在整个操作过程中规范操作，避免意外事故的发生				10	
		汇报展示	能准确表达和汇报工作成果				10	
合计							100	
综合评价		学生评价（50%）		教师评价（50%）			综合得分	
综合评语		（作业过程中存在的问题及改进建议）						

情智课堂

绿水青山就是金山银山

　　传统的燃油车有尾气污染的问题，尾气污染是由汽车排放的废气造成的环境污染，主要污染物为一氧化碳、碳氢化合物、氮氧化合物、二氧化硫、含铅化合物、苯并芘及固体颗粒物，能引起光化学烟雾、温室效应、酸雨等环境问题。

　　发展新能源汽车产业正是降低环境污染的有效途径。纯电动汽车在本质上是一种零排放汽车，一般无直接排放污染物，间接的污染物主要产生于发电环节以及电池废弃物。如果从发电环节来看，风能、水能、核能的大力发展均可以产生可观的清洁能源。单从污染严重的火力发电来看，其对大气污染的控制难度也大大低于燃油汽车。对于电池废弃物，目前回收技术已日益成熟，并且也逐渐开发出了污染低、安全性好的新型蓄电池。所以，无论是从直接还是间接污染来看，纯电动汽车都是现阶段最理想的"清洁车辆"，发展新能源汽车产业正是践行绿色发展理念的重要途径。

　　绿水青山既是自然财富、生态财富，又是社会财富、经济财富。上海杨浦滨江从"工业锈带"变为"生活秀带"，昔日老工业企业集聚地成为居民后花园；宁夏贺兰山砂石矿区整治修复后成为葡萄酒庄，产业转型带来了丰厚回报；云南大理白族自治州古生村沿湖的鱼塘、耕地已退塘退耕，秀丽风光吸引的游客越来越多……事实证明，保护生态环境就是保护自然价值和增值自然资本，就是保护经济社会发展的潜力和后劲。

项目七
新能源汽车组合仪表检修

任务一　仪表控制原理认知

🎯 任务目标

知识目标

1. 熟悉组合仪表系统的控制方式。
2. 掌握组合仪表的检查与排除。
3. 能通过比亚迪秦EV车型的电气原理图查找组合仪表系统的控制方式。

技能目标

1. 具备从多途径的信息源中检索专业知识的能力。
2. 具备根据维修手册的指引进行组合仪表系统的测量，并给出维修结论的能力。
3. 具备根据维修手册的指引进行相关信号的测量，并给出维修结论的能力。

素养目标

1. 掌握分析解决问题以及多元化思考解决问题的方法，形成创新意识。
2. 具有良好的团队协作精神和较强的组织沟通能力。
3. 具备良好的职业道德，尊重他人劳动，不窃取他人成果。

🎋 任务框图

任务导入

组合仪表是人和汽车的交互界面，为驾驶人提供所需的汽车运行参数、故障、里程等信息，是每一辆汽车必不可少的部件，而参数传递的准确性与可靠性则直接关系到汽车行驶的安全。组合仪表按结构的不同可分为指针式和电子显示式两种类型，按工作原理的不同可分为电磁驱动式、电热驱动式（双金属片式）、磁感应式（如车速里程表）和电子控制式四种类型。

任务分组

学生任务分配表见表 7-1-1。

表 7-1-1　学生任务分配表

班　　级		组　　号		指导老师	
组　　长		学　　号			
组　　员	姓名：＿＿＿＿　学号：＿＿＿＿		姓名：＿＿＿＿　学号：＿＿＿＿		
	姓名：＿＿＿＿　学号：＿＿＿＿		姓名：＿＿＿＿　学号：＿＿＿＿		
	姓名：＿＿＿＿　学号：＿＿＿＿		姓名：＿＿＿＿　学号：＿＿＿＿		
	姓名：＿＿＿＿　学号：＿＿＿＿		姓名：＿＿＿＿　学号：＿＿＿＿		
任 务 分 工					

（就组织讨论、工具准备、数据采集、数据记录、安全监督、成果展示等工作内容进行任务分工）

获取信息

❓ 引导问题 1：新能源汽车仪表盘是汽车中必不可少的一部分，你知道仪表控制原理吗？请你查阅相关资料，并进行简单的阐述。

_____

_____

知识点提示

一、系统概述

全液晶仪表盘又称为全模拟仪表盘，是以整块液晶屏幕作为仪表盘，通过电子屏幕展示各种车辆信息，显示效果佳，科技感强。全液晶仪表最初只出现在一些豪华车型上，随着技术逐渐成熟，全液晶仪表逐渐普及在国产品牌车型中。新能源汽车为了显示更多车辆信息，如车辆不同驾驶模式、能量回收情况、车辆电量信息等，因此不少新能源车型也配备了全液晶仪表。

比亚迪秦 EV 车型的组合仪表是一种机电组合仪表，位于驾驶人正前方、转向管柱的上部，包括安装件和电气连接等部分。所有组合仪表的电路组成单一线束，用插接件在组合仪表壳体背面连接。组合仪表的表盘和指示灯保护在一整块透明面罩后面。透明面罩采用遮光板，使仪表的表面免受环境光照和反射的影响，以达到减轻炫目的效果。组合仪表的照明是通过液晶显示来实现的，此照明方式可照亮仪表，使它达到必需的能见度。组合仪表的每一个指示灯也是通过液晶显示的。连接电路将组合仪表连接到整车的电气系统上，这些连接电路被集成在汽车线束内按不同位置进行走线，并按许多不同方式固定。图 7-1-1 所示为比亚迪秦 EV 车型组合仪表的安装位置。

图 7-1-1 比亚迪秦 EV 车型组合仪表的安装位置

1. 计量表类

新能源汽车中的计量表类通常包含车速表、功率表和电量表等，见表 7-1-2。

表 7-1-2 计量表类

名　　称	描　　述
车速表	基于轮速传感器，ABS（防抱死制动系统）将轮速信号转化为车速信号，通过 CAN 将数据传给组合仪表
功率表	根据电池管理器的功率计算得出组合仪表通过采集 CAN 上动力蓄电池管理模块发送的总电压、总电流计算功率，同时判断正、负
电量表	组合仪表采集动力蓄电池管理模块的 CAN 信息，显示电池容量表

2. 警告和指示类

新能源汽车上的警告和指示类标识图标比较多，具体见表 7-1-3。

表 7-1-3 警告和指示类

名　　称	图　标	工作逻辑
转向指示灯	← →	仪表通过硬线采集组合开关转向信号
远光灯指示灯		组合仪表接收到远光灯"开启"的 CAN 信息时，点亮此灯并长亮；组合仪表接收到远光灯"关闭"的 CAN 信息时，此灯熄灭，此指示灯和远光灯同步工作
示宽灯指示灯		从组合开关接收示宽灯开关信号（CAN）
前雾灯指示灯		从组合开关接收前雾灯开关信号（CAN）
后雾灯指示灯		从组合开关接收后雾灯开关信号（CAN）

（续）

名　称	图　标	工作逻辑
驾驶人座椅安全带指示灯		从十合一（BCM）接收安全带开关信号（CAN）
SRS（安全气囊）故障警告灯		从安全气囊系统接收安全气囊故障信号
ABS 故障警告灯		接收网关发送的 ABS 故障信息，点亮指示灯。CAN 线断线点亮
驻车制动故障警告灯		从驻车制动开关接收驻车信号（硬线），从制动液液位开关接收制动液液位信号（硬线）；当组合仪表采集到"EBD故障"信号（CAN）
EPS（电动助力转向系统）故障警告灯	（红色）	CAN 通信传输，EPS 控制单元发送 EPS 故障指示信号给组合仪表，仪表 CPU 命令指示灯点亮
智能钥匙系统警告灯		从智能钥匙系统读取钥匙信息（CAN）
前照灯调节指示灯（预留）		组合仪表采集前照灯调节单元的模式信号（CAN）
定速巡航主显示指示灯	（绿色）	CAN 通信传输，电机控制器发送开关量信号给组合仪表。仪表 CPU 根据信号处理此指示灯状态
定速巡航主控制指示灯	SET（绿色）	CAN 通信传输，电机控制器发送开关量信号给组合仪表。仪表 CPU 根据信号处理此指示灯状态
车门和行李舱状态指示灯		从十合一（BCM）接收各门和行李舱开关状态（CAN）
主警告灯		接收到故障信息及提示信息（除背光调节、车门及行李舱状态信息外）
充电系统故障警告灯	（红色）	CAN 线传输 DC 及充电系统故障信号，组合仪表控制指示灯点亮
动力蓄电池电量低指示灯	（黄色）	CAN 通信传输，动力蓄电池管理模块发送电池组电量过低报警信号给组合仪表。仪表 CPU 控制此指示灯点亮，指示灯点亮需与电量表进入红色区域同步
动力蓄电池充电连接指示灯	（红色）	硬线传输，充电感应开关闭合时，仪表点亮指示灯。充电感应开关断开时，仪表熄灭此指示灯
电机过热警告灯	（红色）	CAN 通信传输，电机控制器发送电机过热报警信号给组合仪表，仪表 CPU 命令指示灯点亮
动力系统故障警告灯	（红色）	CAN 通信采集到电池管理器、M2 电机控制模块的故障信号时，CPU 驱动指示灯点亮
OK 指示灯	OK（绿色）	M2 电机控制模块通过 CAN 发送"READY"指示灯点亮信号给组合仪表，仪表 CPU 控制此指示灯点亮
经济模式指示灯	ECO（绿色）	CAN 线传输，组合仪表 CPU 驱动指示灯工作
运动模式指示灯	SPORT（绿色）	CAN 线传输，组合仪表 CPU 驱动指示灯工作
电子驻车状态指示灯	（P）（红）	CAN 传输，组合仪表采集网关转发的 ID 为 0x218 报文信号，并根据报文的内容进行相应的指示

（续）

名　称	图　标	工作逻辑
电机冷却液温度过高警告灯	（红色）	CAN 通信传输电机控制器的冷却液温度过高报警信号，仪表 CPU 控制此指示灯点亮
ESP（车身电子稳定系统）故障警告灯		从 ESP 接收到 ESP 故障信号（CAN）
ESP OFF 警告灯		接收到 ESP 关闭信号（CAN）
胎压故障警告灯		从胎压监测系统接收到胎压故障信号（CAN）

3. 组合仪表系统框图

组合仪表的系统框图，可以体现仪表与汽车各个部分的关系，如图 7-1-2 所示。具体的组合仪表信息表见表 7-1-4。

表 7-1-4　组合仪表信息表

发送节点	接收节点	信　息	传输类型
十合一（2021 款比亚迪秦 EV BCM，配刀片电池）2020 款比亚迪秦 EV	组合仪表	左前门状态 右前门状态 左后门状态 右后门状态 驾驶人安全带开关信号 整车状态 行李舱信号 智能钥匙系统警告灯信号 蜂鸣器控制信号	CAN
安全气囊	组合仪表	故障指示灯驱动信号	CAN
组合开关	组合仪表	远光灯开关信号 前雾灯开关信号 后雾灯开关信号 示宽灯	CAN
组合仪表	多功能屏	调光档 / 位置信号	CAN
组合仪表	多媒体系统	驻车制动开关信号	CAN
网关	组合仪表	冷却液温度 车速信号 EBD（电子制动力分配）故障信号 ABS 故障信号 车速信号 Service 警告灯 档位信号 瞬时耗电量 ESP	CAN
灯光系统	组合仪表	左转向信号指示灯 右转向信号指示灯	硬线
组合仪表	室内灯系统	背光驱动信号	硬线

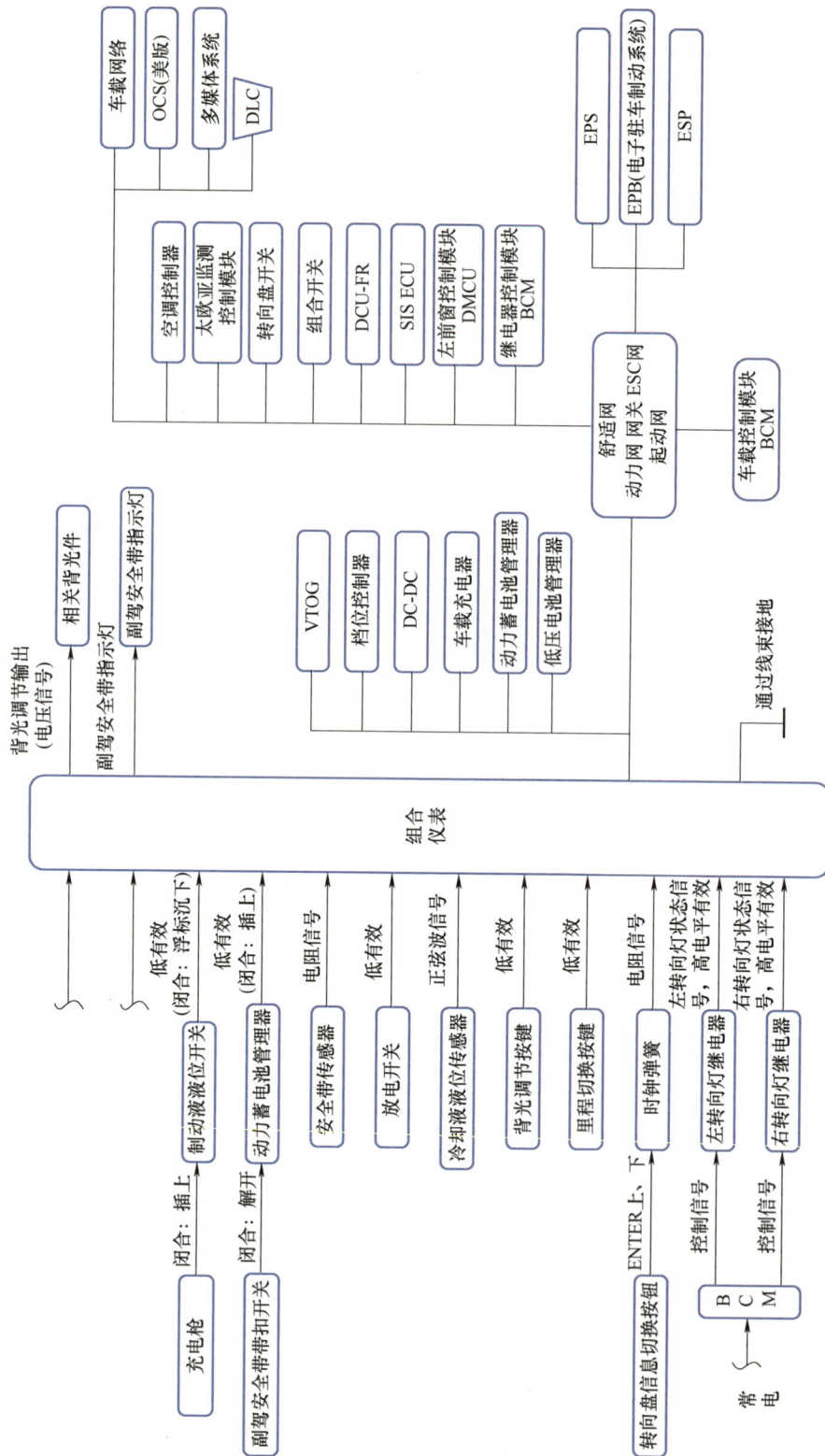

图 7-1-2 组合仪表系统框图

车载网络

- 车载网络
- OCS(美版)
- 多媒体系统
- DLC

舒适网 网关 ESC网
动力网 起动网

- 空调控制器
- 太欧亚监测控制模块
- 转向盘开关
- 组合开关
- DCU-FR
- SIS ECU
- 左前窗控制模块 DMCU
- 继电器控制模块 BCM

- EPS
- EPB(电子驻车制动系统)
- ESP

- 车载控制模块 BCM

组合仪表

相关背光件 ← 背光调节输出(电压信号)
副驾安全带指示灯 ← 副驾安全带指示灯

- 充电枪 — 闭合：插上 — 制动液位开关
- 副驾安全带带扣开关 — 闭合：解开 — 动力蓄电池管理器
  - 低有效(闭合：浮标沉下)
  - 低有效(闭合：插上)
- 安全带传感器 — 电阻信号
- 放电开关 — 低有效
- 冷却液位传感器 — 正弦波信号
- 背光调节按键 — 低有效
- 里程切换按键 — 低有效
- VTOG
- 档位控制器
- DC-DC
- 车载充电器
- 动力蓄电池管理器
- 低压电池管理器

- 时钟弹簧 — 电阻信号
- 左转向灯继电器 — 左转向灯状态信号、高电平有效
- 右转向灯继电器 — 右转向灯状态信号、高电平有效

- 转向盘信息切换按钮 — ENTER上、下
  - B — 控制信号
  - C
  - M — 控制信号
  - 常电

通过线束接地

❓ 引导问题2：在电动化和智能化的推动下，汽车仪表由机械式向虚拟化液晶仪表演进。你知道汽车组合仪表是如何发展的吗？请你查阅相关资料，并进行简单的阐述。

_____

_____

💡 知识点提示

二、汽车组合仪表的发展

汽车上最早出现的是机械芯仪表，这种汽车仪表盘普遍外观单一，只能为驾驶人提供汽车运行中必要而又少量的数据信息，功能也仅是单纯的提示。图 7-1-3 所示为机械芯仪表。

随着时间的推移，第二代电气式仪表盘诞生，它包含了车速里程表、转速表、机油压力表、冷却液温度表、燃油表和充电表等。

相较于第一代机械芯仪表，电气式仪表增加了不少功能，汽车信息反馈也更多、更及时，但是其发展速度明显与汽车行业不相匹配，对于更深层次的驾驶需求，电气式仪表仍无法满足。

数字化仪表开始在仪表中采用液晶显示器显示汽车上的重要数据。由于显示技术的限制，汽车仪表从机械表盘＋液晶的融合式仪表相搭配的断码屏慢慢才发展成为今天的液晶显示屏。图 7-1-4 所示为数字化仪表。

图 7-1-3　机械芯仪表

图 7-1-4　数字化仪表

全数字汽车仪表是一种网络化和智能化的仪表，其功能更加强大，显示内容更加丰富，线束链接更加简单，更全面、更人性化地满足了驾驶需求。虚拟汽车仪表用屏幕取代了指针、数字等现有仪表盘上最具代表性的部分，其优点是可以由用户自己定义仪器系统，以满足不同的要求，功能更加强大、灵活，更容易同网络、外部设备及其他应用相连接。图 7-1-5 所示为全数字汽车仪表。

HUD 即抬头显示系统，是把时速和导航等重要的行车信息，投影到驾驶人前面的风窗玻璃上，让驾驶人尽量做到不低头、不转头就能看到时速和导航等重要的驾驶信息。图 7-1-6 所示为 HUD。

图 7-1-5　全数字汽车仪表

图 7-1-6　HUD

工作计划

按照前面所了解的知识内容和小组内部讨论的结果，制订工作方案，包括资料查阅渠道的落实、任务实施任务中的内容分工等，完成表 7-1-5。

表 7-1-5　工作方案表

步骤	工 作 内 容	负责人
1		
2		
3		
4		
5		

进行决策

1）各组派代表阐述资料查询结果。

2）各组就各自的查询结果进行交流，并分享技巧。

3）教师结合各组完成的情况进行点评，并选出最佳方案。

任务实施

正常状态下
仪表模块
数据采集

一、任务准备

1. 设备及工具准备

设备及工具准备见表 7-1-6。

表 7-1-6　设备及工具准备

序号	设备及工具名称	数量
1	数字万用表	1 台
2	示波器	1 台
3	绝缘防护套装	1 套
4	常规工具套装	1 套
5	比亚迪秦 EV 整车	1 辆

2. 场地准备

1）任务实施前需要做好场地防护准备，检查实训场地和设备设施是否存在安全隐患，如不正常需进行处理后，方可实施任务。

2）本实训任务用到实车，任务实施前需要在车辆周围围上隔离带，并摆上安全提示牌。

3. 安全防护准备

1）检测各个设备以及所需要器材是否完好。

2）涉及高压安全操作，务必做好充分防护操作。

4. 其他辅助准备

汽车维修手册、教材、实训工作页、笔。

二、实施步骤

1. 仪表安装位置

2020 款比亚迪秦 EV 车型组合仪表是一种机电组合仪表，它位于驾驶人正前方、转向管柱的上部，包括安装件和电气连接等部分。所有组合仪表的电路组成单一线束，用插接件在组合仪表壳体背面连接，如图 7-1-7 所示。

2. 计量表类

1）指出车速表位置，如图 7-1-8 所示。

图 7-1-7　仪表安装位置示意图

图 7-1-8　车速表

2）指出功率表位置，如图 7-1-9 所示。

3）指出电量表位置，如图 7-1-10 所示。

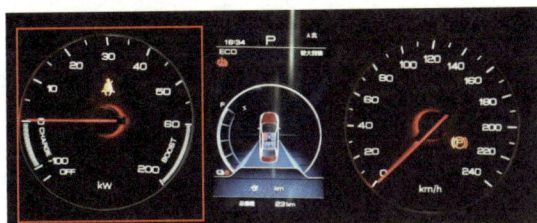

图 7-1-9　功率表

图 7-1-10　电量表

3. 指示灯认知

1）左转指示灯显示，如图 7-1-11 所示。

2）右转指示灯显示，如图 7-1-12 所示。

图 7-1-11　左转指示灯显示

图 7-1-12　右转指示灯显示

3）远光灯指示，如图 7-1-13 所示。

4）示宽灯指示，如图 7-1-14 所示。

5）雾灯指示，如图 7-1-15 所示。

图 7-1-13　远光灯指示

图 7-1-14　示宽灯指示

6）驾驶人座椅安全带指示灯显示，如图 7-1-16 所示。

图 7-1-15　雾灯指示

图 7-1-16　驾驶人座椅安全带指示灯显示

评价反馈

1）各组代表展示汇报 PPT，介绍任务的完成过程。

2）以小组为单位，请对各组的操作过程与操作结果进行自评和互评，并将结果填入表 7-1-7 中。

表 7-1-7　学生评价表

姓名		学号			班级			组别		
实训任务										
评价项目	分值	等级				评价对象（组别）								
		A	B	C	D	1	2	3	4	5	6	7	8
方案合理	20	20	15	10	5								
团队合作	20	20	15	10	5								
工作质量	20	20	15	10	5								
工作规范	20	20	15	10	5								
汇报展示	20	20	15	10	5								
合计	100	各组得分												
总结与反思														

（如：学习过程中遇到什么问题→如何解决的/解决不了的原因→心得体会）

项目七　新能源汽车组合仪表检修

笔记栏

3）教师对学生工作过程与工作结果进行评价，并将评价结果填入表 7-1-8 中。

表 7-1-8　教师对学生评价表

姓名			学号	班级		组别	
实 训 任 务							
评 价 项 目			评 价 标 准			分值	得分
考勤（10%）			无迟到、早退和旷课的现象			10	
工作过程（60%）	知识目标	获取信息	掌握工作相关知识			10	
		进行决策	制订工作方案，方案合理可行			10	
	技能目标	任务实施	能够按照要求做好设备及工具准备 正确进行场地准备 做好安全防护准备和其他防护准备			5	
			理解实训操作顺序 能够按照正确的步骤进行操作			5	
			能够根据实训操作 做好完善的记录			5	
			正确完成全部实训操作 按要求进行 6S 整理			5	
	素养目标	工作态度	认真严谨、积极主动 安全生产、文明施工			5	
		团队合作	与小组成员和同学之间能合作交流，友好协调工作			5	
		工作质量	能按照工作方案操作 按计划完成工作任务			10	
项目成果（30%）		工作完整	能按时完成工作任务的所有环节			10	
		工作规范	能在整个操作过程中规范操作，避免意外事故的发生			10	
		汇报展示	能准确表达和汇报工作成果			10	
合计						100	
综合评价		学生评价（50%）		教师评价（50%）		综合得分	
		（作业过程中存在的问题及改进建议）					
综合评语							

笔记栏

任务二　仪表故障诊断与维修

任务目标

知识目标

1. 熟悉组合仪表系统插接件各端子的正常值。
2. 掌握组合仪表系统各故障码的含义。

技能目标

1. 具备从多途径的信息源中检索专业知识的能力。
2. 具备根据插接件各端子的正常值和测量值判断并排除故障点的能力。
3. 具备根据故障码判断并排除故障点的能力。

素养目标

1. 掌握分析解决问题以及多元化思考解决问题的方法，形成创新意识。
2. 具有良好的团队协作精神和较强的组织沟通能力。
3. 具备良好的职业道德，尊重他人劳动，不窃取他人成果。

任务框图

任务导入

　　组合仪表是人和汽车的交互界面，为驾驶人提供所需的汽车运行参数、故障、里程等信息。如新能源汽车在行驶时，动力蓄电池的荷电状态下降到 20% 时，仪表会点亮"及时充电"的指示灯，有些车型还会给予"请及时充电"的提醒。如果比亚迪秦 EV 车型在充电时，仪表充电指示灯不亮，你知道怎么去处理吗？

任务分组

学生任务分配表见表 7-2-1。

表 7-2-1　学生任务分配表

班　　级		组　　号		指导老师	
组　　长		学　　号			
组　　员	姓名：＿＿＿＿　学号：＿＿＿＿		姓名：＿＿＿＿　学号：＿＿＿＿		
	姓名：＿＿＿＿　学号：＿＿＿＿		姓名：＿＿＿＿　学号：＿＿＿＿		
	姓名：＿＿＿＿　学号：＿＿＿＿		姓名：＿＿＿＿　学号：＿＿＿＿		
	姓名：＿＿＿＿　学号：＿＿＿＿		姓名：＿＿＿＿　学号：＿＿＿＿		
任 务 分 工					

（就组织讨论、工具准备、数据采集、数据记录、安全监督、成果展示等工作内容进行任务分工）

🌐 获取信息

❓ 引导问题 1：在进行仪表故障诊断与维修时，需要清楚插接件各端子的数值，数值出现异常则可能出现故障。各个端子对应的数值都是什么呢？请你查阅相关资料，并列出组合仪表 G01 插接件后端各端子的数值。

＿＿＿＿＿＿＿＿＿＿＿＿＿＿＿＿＿＿＿＿＿＿＿＿＿＿＿＿＿＿＿＿＿＿＿＿＿＿＿

＿＿＿＿＿＿＿＿＿＿＿＿＿＿＿＿＿＿＿＿＿＿＿＿＿＿＿＿＿＿＿＿＿＿＿＿＿＿＿

💡 知识点提示

一、相关端子数值

使用万用表测量组合仪表 G01 插接件后端各端子的数值，测量条件及结果参照见表 7-2-2。组合仪表 G01 插接件如图 7-2-1 所示。

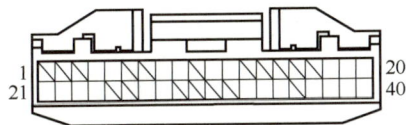

图 7-2-1　组合仪表 G01 插接件

表 7-2-2　组合仪表 G01 插接件后端各端子的数值

端子号（符号）	线　色	端子描述	条　件	规定状态
G01-1- 车身搭铁	—	预留	—	—
G01-2- 车身搭铁	—	预留	—	—
G01-3- 车身搭铁	—	预留	—	—
G01-4- 车身搭铁	P- 车身搭铁	B-CAN-H	始终	2.5~3.5V
G01-5- 车身搭铁	V- 车身搭铁	B-CAN-L	始终	1.5~2.5V
G01-6- 车身搭铁	—	预留	—	—
G01-7 车身搭铁	—	预留	—	—
G01-8- 车身搭铁	—	预留	—	—

（续）

端子号（符号）	线　色	端子描述	条　件	规定状态
G01-9-车身搭铁	—	预留	—	—
G01-10-车身搭铁	—	预留	—	—
G01-11-车身搭铁	B-车身搭铁	搭铁（WGD6）	始终	小于1Ω
G01-12-车身搭铁	B-车身搭铁	搭铁（WGD6）	始终	小于1Ω
G01-13-车身搭铁	—	预留	—	—
G01-14-车身搭铁	—	预留	—	—
G01-15-车身搭铁		冷却液液位		
G01-16-车身搭铁	—	预留	—	—
G01-17-车身搭铁	防盗指示灯输出	预留		
G01-18-车身搭铁	W/B-车身搭铁	背光调节按键＋信号	按下此按键	小于1Ω
G01-19-车身搭铁	W/G-车身搭铁	背光调节按键－信号	按下此按键	小于1Ω
G01-20-车身搭铁	Y/W-车身搭铁	（ODO/TRIP）里程切换按键-信号	按下此按键	小于1Ω
G01-21-车身搭铁	L-车身搭铁	背光调节输出	打示宽灯，调背光亮度	电压信号
G01-22-车身搭铁	R/Y 车身搭铁	右转向状态信号	打右转向灯	11~14V
G01-23-车身搭铁		预留		
G01-24-车身搭铁	G/R-车身搭铁	制动液液位开关信号	浮标沉下（制动液液位过低）	小于1Ω
G01-25-车身搭铁	—	预留	—	—
G01-26-车身搭铁	G-车身搭铁	（充电连接线）车载充电器-充电指示灯信号		
G01-27-车身搭铁	L/O-车身搭铁	副驾驶人安全带信号采集	坐下，且扣安全带	悬空
			无人坐	悬空
			坐下，且没扣安全带	小于1V
G01-28-车身搭铁	Br-车身搭铁	（低配有）信息切换按钮信号地	始终	小于1V
G01-29-车身搭铁	R/W-车身搭铁	（充电电源）充电信号输入	充电时（电压信号-高有效）	12V
G01-30-车身搭铁	—	放电开关，搭铁	—	—
G01-31-车身搭铁	—	—	—	—
G01-32-车身搭铁	—	—	—	—
G01-33-车身搭铁	R/L-车身搭铁	左转向状态信号	打左转向灯	11~14V
G01-34-车身搭铁	—	预留	—	—
G01-35-车身搭铁	—	预留	—	—

（续）

端子号（符号）	线　色	端子描述	条　件	规定状态
G01-36- 车身搭铁				
G01-37-G01-28	W/L- 车身搭铁	（低配有）信息切换按钮输入	按下"确认"	小于 8.2kΩ
			按下"上"	约 23.2kΩ
			按下"下"	约 50.2kΩ
G01-38- 车身搭铁	Y/R- 车身搭铁	IG1 电	ON 档电	11~14V
G01-39- 车身搭铁	R/B- 车身搭铁	常电	始终	11~14V
G01-40- 车身搭铁	Gr- 车身搭铁	副驾安全带指示灯控制	坐下，且扣安全带	悬空
			无人坐	悬空
			坐下，且没扣安全带	小于 1V

❓ **引导问题** 2：可以根据组合仪表故障码确定故障定义，请你查阅相关资料，并阐述仪表故障码对应的故障定义。

_____

_____

💡 **知识点提示**

二、组合仪表故障码

常见的组合仪表故障码和故障定义见表 7-2-3。

表 7-2-3　常见的组合仪表故障码和故障定义

序　号	故　障　码	故　障　定　义
1	B2342	仪表内部故障
2	B2343	时钟运行故障
3	B234B	CAN 总线接收到车速信号错误
4	B234D	信息切换按键装置短路故障
5	U1101	仪表与组合开关通信中断
6	U1103	仪表与安全气囊通信中断
7	U0146	仪表与网关通信中断
8	U0140	仪表与十合一 BCM 通信中断
9	B243D	信息切换按键输入装置短路故障
10	B234B	CAN 总线接收到车速信号错误
11	B2A22	车外温度传感器断路

（续）

序　号	故障码	故障定义
12	B2A23	车外温度传感器短路
13	U0111	与动力蓄电池管理器模块失去通信
14	U0110	与驱动电机控制模块失去通信
15	U0127	与胎压监测控制模块失去通信

根据症状可以判断可疑部位，使用表7-2-4可帮助诊断故障原因。以递减的顺序表示故障原因的可能性，按顺序检查每个可疑部位。必要时维修或更换有故障的零件或进行调整。

表7-2-4　症状对应可疑部位

症　状	可疑部位
整个仪表不工作	电源电路
	组合仪表
长短里程调节失效	组合仪表
仪表背光调节不起作用	组合仪表
整车背光不可调节	组合仪表
	线束
	其他模块
车速表异常	轮速传感器
	ABS
	网关
	组合仪表
	CAN通信
仪表转向指示灯不亮	组合开关
	组合仪表
	线束或插接器
远光灯指示灯不亮	CAN通信
	组合开关
	组合仪表
驻车制动指示灯异常	驻车制动开关
	组合仪表
	线束或插接器

（续）

症　　状	可疑部位
安全系统指示灯异常	十合一（BCM）
	组合仪表
	CAN 通信
驾驶人座椅安全带指示灯异常	主驾安全带锁扣开关
	十合一（BCM）
	组合仪表
	CAN 通信
	线束或插接器
安全气囊故障指示灯异常	安全气囊系统
	组合仪表
	CAN 通信
车门和行李舱开启指示灯异常	十合一（BCM）
	组合仪表
	CAN 通信
后雾灯指示灯异常	组合开关
	组合仪表
	CAN 通信
前雾灯指示灯异常	组合开关
	组合仪表
	CAN 通信
示宽灯指示灯异常	组合开关
	组合仪表
	CAN 通信
充电系统指示灯异常	DC-DC
	组合仪表
	线束或插接器
防抱死制动系统指示灯异常	ABS 故障
	组合仪表
	CAN 通信
智能钥匙系统钥匙位置指示灯异常	智能钥匙模块
	十合一 BCM
	组合仪表
	CAN 通信

（续）

症　　状	可 疑 部 位
里程信息显示异常	轮速传感器
	组合仪表
	网关
	CAN 通信

工作计划

　　按照前面所了解的知识内容和小组内部讨论的结果，制订工作方案，包括资料查阅渠道的落实、任务实施任务中的内容分工等，完成表 7-2-5。

表 7-2-5　工作方案表

步骤	工作内容	负责人
1		
2		
3		
4		
5		

进行决策

1）各组派代表阐述资料查询结果。

2）各组就各自的查询结果进行交流，并分享技巧。

3）教师结合各组完成的情况进行点评，并选出最佳方案。

任务实施

一、任务准备

仪表不亮故障检修

1. 设备及工具准备

设备及工具准备见表 7-2-6。

表 7-2-6　设备及工具准备

序　号	设备及工具名称	数　量
1	数字万用表	1 台
2	示波器	1 台
3	绝缘防护套装	1 套
4	常规工具套装	1 套
5	比亚迪秦 EV 整车	1 辆

2. 场地准备

1）任务实施前需要做好场地防护准备，检查实训场地和设备设施是否存在安全隐患，如不正常需进行处理后，方可实施任务。

2）本实训任务用到实车，任务实施前需要在车辆周围围上隔离带，并摆上安全提示牌。

3. 安全防护准备

1）检测各个设备以及所需要器材是否完好。

2）涉及高压安全操作，务必做好充分防护操作。

4. 其他辅助准备

汽车维修手册、教材、实训工作页、笔。

二、实施步骤

接插件故障检测方法如下：

1）测量 G01 插接件 4 号端子，线束颜色为粉色，端子定义为 B-CAN-H，测量条件为始终存在，正常值应为 2.5~3.5V，如图 7-2-2 所示。

2）测量 G01 插接件 5 号端子，线束颜色为紫色，端子定义为 B-CAN-L，测量条件为始终存在，正常值应为 1.5~2.5V，如图 7-2-3 所示。

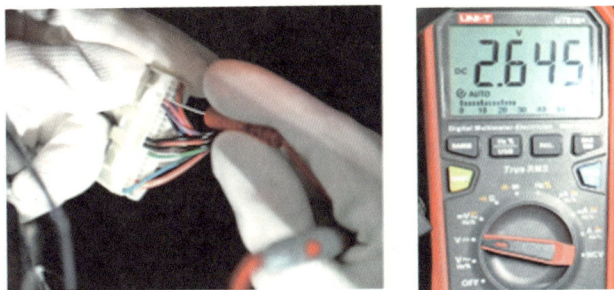

图 7-2-2　G01 插接件 4 号端子与车身搭铁电压

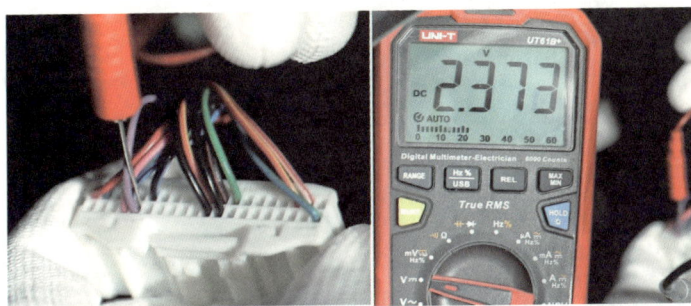

图 7-2-3　G01 插接件 5 号端子与车身搭铁电压

3）测量 G01 插接件 11 号端子，线束颜色为黑色，端子定义为搭铁（WGD6），测量条件为始终存在，正常阻值应小于 1Ω，如图 7-2-4 所示。

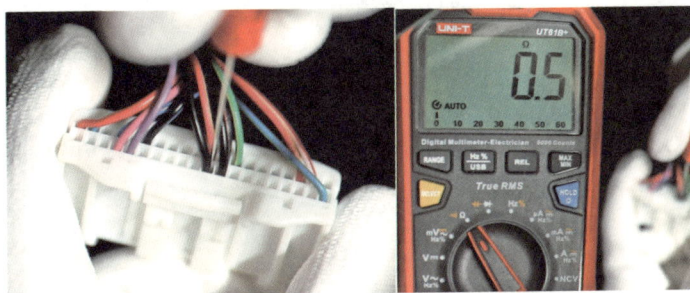

图 7-2-4　G01 插接件 11 号端子与车身搭铁电阻

4）测量 G01 插接件 12 号端子，线束颜色为黑色，端子定义为搭铁（WGD6），测量条件为始终存在，正常阻值应小于 1Ω，如图 7-2-5 所示。

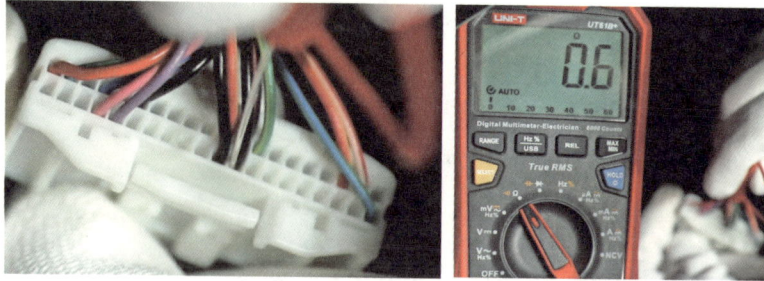

图 7-2-5　G01 插接件 12 号端子与车身搭铁电阻

5）测量 G01 插接件 22 号端子，线束颜色为红黄双色线，打右转向灯，其正常值为 11~14V，如图 7-2-6 所示。

6）测量 G01 插接件 24 号端子与车身搭铁，线束颜色为绿红双色线，浮标沉下（制动液过低），其正常阻值应小于 1Ω，如图 7-2-7 所示。

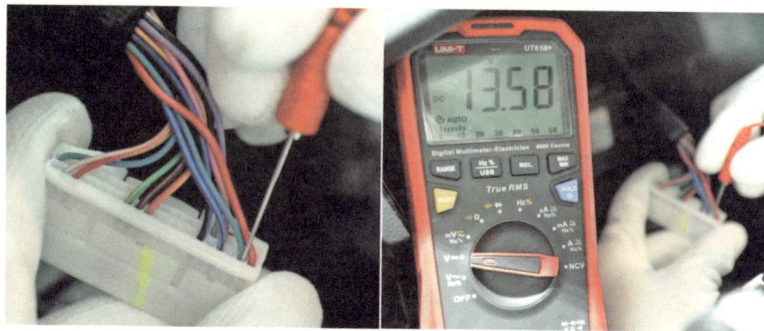

图 7-2-6　G01 插接件 22 号端子与车身搭铁电阻

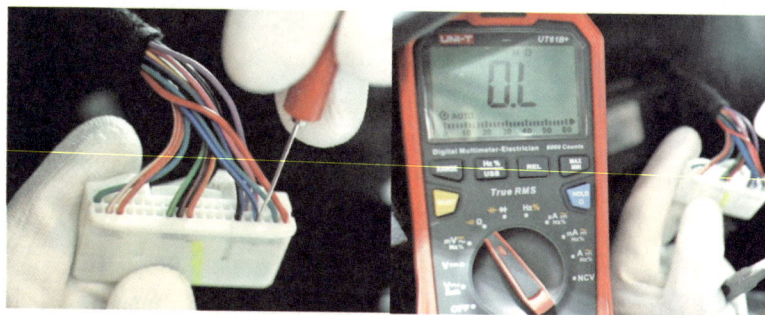

图 7-2-7　G01 插接件 24 号端子与车身搭铁电阻

7）测量 G01 插接件 38 号端子，线束颜色为黄红双色线，车辆处理 ON 档电，IG1 电，其正常值为 11~14V，如图 7-2-8 所示。

8）测量 G01 插接件 39 号端子，线束颜色为红蓝双色线，车身搭铁，常电状态，其正常值应始终为 11~14V，如图 7-2-9 所示。

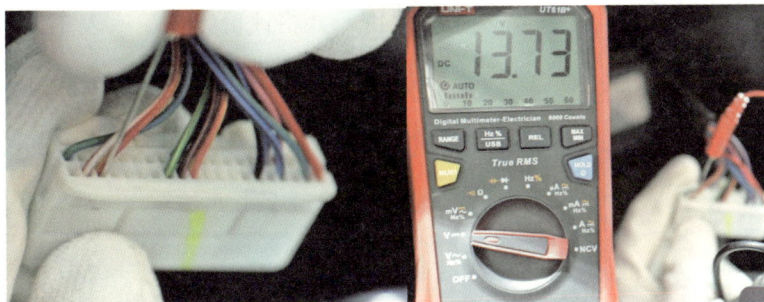

图 7-2-8　G01 插接件 38 号端子与车身搭铁电压

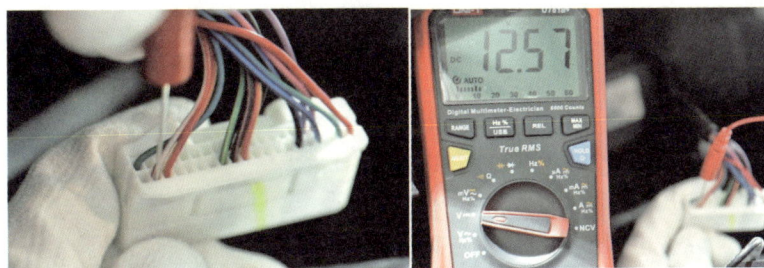

图 7-2-9　G01 插接件 39 号端子与车身搭铁电阻

评价反馈

1）各组代表展示汇报 PPT，介绍任务的完成过程。

2）以小组为单位，请对各组的操作过程与操作结果进行自评和互评，并将结果填入表 7-2-7 中。

表 7-2-7　学生评价表

姓名		学号			班级			组别		
实 训 任 务										
评价项目	分值	等　级				评价对象（组别）					
		A	B	C	D	1	2	3	4	5	6	7	8
方案合理	20	20	15	10	5								
团队合作	20	20	15	10	5								
工作质量	20	20	15	10	5								
工作规范	20	20	15	10	5								
汇报展示	20	20	15	10	5								
合计	100	各组得分											
总结与反思													

（如：学习过程中遇到什么问题→如何解决的 / 解决不了的原因→心得体会）

3）教师对学生工作过程与工作结果进行评价，并将评价结果填入表7-2-8中。

表7-2-8　教师对学生评价表

姓名			学号		班级		组别	
实训任务								
评价项目			评价标准				分值	得分
考勤（10%）			无迟到、早退和旷课的现象				10	
工作过程（60%）	知识目标	获取信息	掌握工作相关知识				10	
		进行决策	制订工作方案，方案合理可行				10	
	技能目标	任务实施	能够按照要求做好设备及工具准备 正确进行场地准备 做好安全防护准备和其他防护准备				5	
			理解实训操作顺序 能够按照正确的步骤进行操作				5	
			能够根据实训操作 做好完善的记录				5	
			正确完成全部实训操作 按要求进行6S整理				5	
	素养目标	工作态度	认真严谨、积极主动 安全生产、文明施工				5	
		团队合作	与小组成员和同学之间能合作交流，友好协调工作				5	
		工作质量	能按照工作方案操作 按计划完成工作任务				10	
项目成果（30%）		工作完整	能按时完成工作任务的所有环节				10	
		工作规范	能在整个操作过程中规范操作，避免意外事故的发生				10	
		汇报展示	能准确表达和汇报工作成果				10	
合计							100	
综合评价		学生评价（50%）		教师评价（50%）			综合得分	
综合评语		（作业过程中存在的问题及改进建议）						

情智课堂

交通工具与中国速度

随着时代的发展，交通工具也在不断发生变化，从两条腿赶路，到人力车和畜力车，第一次工业革命之后出现了蒸汽机车，第二次工业革命之后出现了内燃机，现在又有了新能源汽车……我们的出行速度越来越快，出行方式也越来越便捷了。

若是说到出行速度的快，就不能不提一提高铁，应该有不少同学的生活都因高铁发生了变化，过去坐火车需要 10 多个小时的路程，现在只需要 3 个多小时，高铁的发展大大方便了我们的生活。

有些变化，看得见、感受得到。比如高铁成为越来越多人出行的首选，缩短了出行时间，改变了人们的时空观念。而有些影响，则不显而易见，却深刻地影响着社会。

过去我国中西部地区发展长期落后于东部地区，交通不便是重要原因之一。交通受限，在很大程度上导致中西部许多地方很难与外界便捷地开展"互通有无"，各地的优势难以充分发挥。在中西部地区加快发展高速铁路，有望使这些地区的人流、物流、信息流加速流通，使中西部地区内部的沟通更加便利，这对于促进区域经济协调发展、提高当地群众生活水平都具有重要意义。发展高铁也有助于优化中西部地区的经济结构，有利于为当地钢铁、水泥等行业创造市场需求，有利于化解产能过剩问题。更重要的是，高铁发展起来以后，将带动物流、旅游等行业的发展，帮助中西部地区减少对重化工业的依赖，逐步优化经济结构。

目前，我国是世界上高速铁路运行里程最长、规模最大的国家。我国高铁已经成为展示中国速度与中国创造的文化标志。高铁已经成为名副其实助推我国外交发力的快车，在"一带一路"中发挥了不可或缺的作用。

项目八
新能源汽车档位、加速踏板、制动系统检修

任务一　档位、加速踏板、制动系统原理认知

任务目标

知识目标

1. 区分传统汽车与新能源汽车档位。
2. 掌握加速踏板的功能及工作过程。
3. 掌握制动系统以及 EPB 系统。
4. 能够分清各个档位的用途。
5. 能够识别纯电动汽车档位、加速踏板和 EPB 系统。

技能目标

1. 具备从多途径的信息源中检索专业知识的能力。
2. 具备识别档位、加速踏板和制动系统原理识别的能力。

素养目标

1. 掌握分析解决问题以及多元化思考解决问题的方法，形成创新意识。
2. 具有良好的团队协作精神和较强的组织沟通能力。
3. 具备良好的职业道德，尊重他人劳动，不窃取他人成果。

任务框图

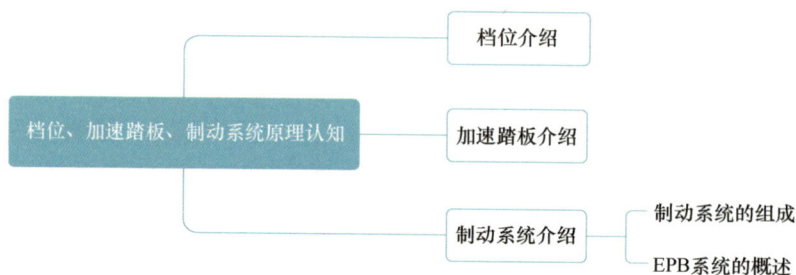

任务导入

　　小王买了一辆 2020 款比亚迪秦 EV 汽车，使用一段时间后，发现加速踏板踩下去以后弹不起来，于是他把车子送到 4S 店检修。如果你是一名汽车 4S 店的维修人员，你能根据制动系统的原理分析是哪里出了故障吗？如何进行故障分析与排查呢？

任务分组

学生任务分配表见表 8-1-1。

表 8-1-1　学生任务分配表

班　级		组　号		指导老师	
组　长		学　号			
组　员	姓名：_____　学号：_____		姓名：_____　学号：_____		
	姓名：_____　学号：_____		姓名：_____　学号：_____		
	姓名：_____　学号：_____		姓名：_____　学号：_____		
	姓名：_____　学号：_____		姓名：_____　学号：_____		
任 务 分 工					

（就组织讨论、工具准备、数据采集、数据记录、安全监督、成果展示等工作内容进行任务分工）

获取信息

❓ 引导问题 1：查阅相关资料，请说出新款比亚迪秦 EV 车型档位的组成，并说说新能源汽车的档位与传统汽车档位的区别。

_____

_____

知识点提示

一、档位介绍

　　传统汽车的档位有 P、R、N、D、S、L、M 七个，图 8-1-1 所示为传统燃油汽车档位图。而新能源汽车的档位有 P、N、R、D 四个。图 8-1-2 所示为比亚迪秦 EV 汽车档位图。

　　首先是 P 位，也称为驻车档，车辆长时间停车时使用的档位。通常与 N 位配合使用。当 P 位挂上时，变速器是直接锁定的，可防止溜车。

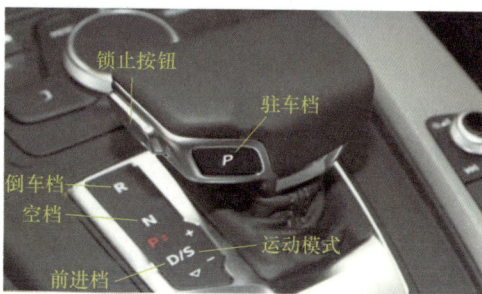

图 8-1-1　传统燃油汽车档位图

图 8-1-2　比亚迪秦 EV 汽车档位图

R 位是倒车档。无论是新能源汽车还是传统汽车的手动和自动档车型，R 位都是倒档。挂倒车档时应在汽车停稳后再挂在这个档位上。

N 位是空档。常常被用错，许多驾驶人误以为用这个档位下坡可以省油，那是错误的。其实短时间停车使用此档位比较好。然后配合 P 位，长期停车使用。

S 位是运动档。挂在这个档位上，发动机或驱动电机可以提供更强的动力，一般超车时，挂在这个档位上。

L 位是低速档。下坡或上坡时，挂在这个档位上，可以更好地利用发动机的动力制动或省油。下坡时，可以降低发动机转速，利用发动机制动，不必一直踩制动踏板。新能源汽车一般不会有 L 位。

M 位是手自一体车内的手动档。挂在这个档位上，可以调整为手动档。新能源汽车一般不会有 M 位。

❓ 引导问题 2：请查阅相关资料，了解什么是加速踏板，并写在下面的横线上。

_____

_____

💡 知识点提示

二、加速踏板介绍

加速踏板的主要作用是控制发动机节气门的开度，从而控制发动机的动力输出。传统的加速踏板是通过节气门拉索或者拉杆和节气门相连的。而随着汽车电子技术的不断发展，电子节气门的应用越来越广泛，驾驶人踩加速踏板时，实际上是传递给发动机 ECU 一个加速踏板位置传感器信号。在新能源汽车上，节气门的开度信号传递给整车控制器，然后通过动力 CAN 传递给电机控制器，电机控制器根据开度信号控制电机的转矩和转速。

电子节气门的加速踏板上安装有位移传感器，当驾驶人踩加速踏板时，ECU 会采集踏板上位移传感器的开度变化以及加速度，根据内置的算法来判断驾驶人的驾驶意图，然后电机控制器根据节气门的开度信号控制电机的动力输出。

比亚迪秦 EV 车型加速踏板内部结构图如图 8-1-3 所示。

比亚迪秦 EV 车型安装的是滑动电阻式加速踏板，踏板位置传感器以分压电路原理工作，整车控制器（VCU）提供给传感器电路 5V 电压。电子节气门通过转轴与传感器内部的滑动变阻器的电刷连接，加速踏板位置传感器的位置改变时，电刷与接地端的电压发生改变，整车控制器将该电压转变成加速踏板的位置信号。

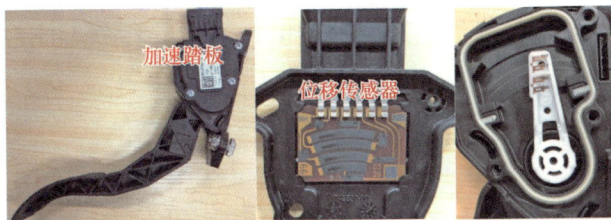

图 8-1-3　比亚迪秦 EV 车型加速踏板内部结构图

为了诊断和防止出现故障，加速踏板位置传感器做成双传感器，采用冗余设计（冗余指出于系统安全和可靠性等方面的考虑，人为地对一些关键部件或功能进行重复的配置。当系统发生故障时，比如某一设备发生损坏，冗余配置的部件可以作为备援，及时介入并承担故障部件的工作，由此减少系统的故障时间。冗余尤其适用于应急处理）。为识别故障，加速踏板位置传感器 1 输出电压是加速踏板位置传感器 2 输出电压的两倍。

节气门开度从 0~100% 的开度线形如图 8-1-4 所示。

加速踏板失效策略如下：

进入条件：整车控制器判断电子节气门信号错误。

1）加速踏板插接件脱落（脱落后整车控制器无法检测到节气门 1、2 的开度信号）。

2）两路节气门开度信号中任何一路出现故障（任何一路信号出现短路、断路、对电压短路、对地短路）。

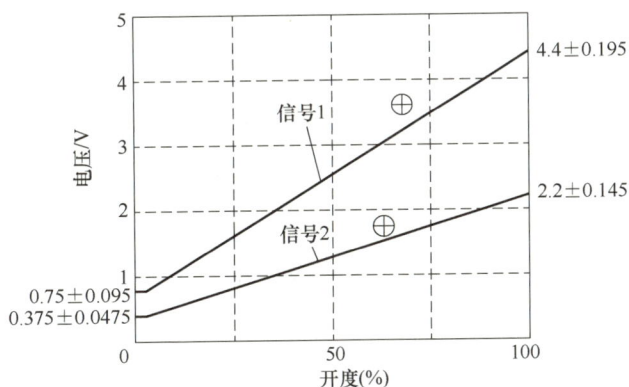

图 8-1-4　节气门开度从 0~100% 的开度线形

3）两路节气门开度信号不一致（两路信号不成 2 倍关系）。

4）节气门开度与制动踏板逻辑关系错误（制动踏板与加速踏板同时长时间踩下去）。

汽车的加速踏板有"地板式"和"悬挂式"两种，如图 8-1-5 和图 8-1-6 所示。地板式加速踏板由于转轴位于加速踏板底部，因此脚掌可以全部踩上去，而加速踏板本身也就是一个支点，小腿和脚踝能更轻松地控制加速踏板，相应地提升了脚下控制加速踏板的精度，减少了疲劳感。悬挂式加速踏板由于转轴位于支架顶端，下部结构相对要简单（单薄）一点，因此这也使它的踩踏方式更轻巧，成本更低，因此一般的厂商更喜欢选用这种加速踏板。比亚迪秦 EV 车型采用的是悬挂式加速踏板。

图 8-1-5　"地板式"加速踏板

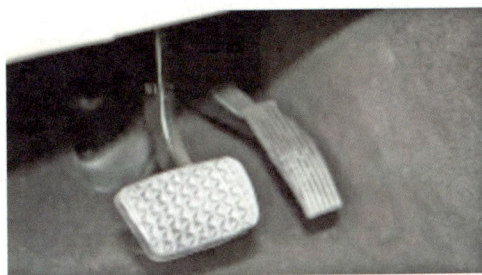

图 8-1-6　"悬挂式"加速踏板

> ❓ 引导问题 3：制动系统是使汽车的行驶速度可以强制降低的一系列专门装置，你知道制动系统是由哪些部分组成的吗？请你查阅相关资料，并写在下面的横线上。
>
> _____
>
> _____

💡 知识点提示

三、制动系统介绍

1. 制动系统的组成

制动系统主要由供能装置、调节装置、传动装置和制动器四部分组成。制动系统的关键作用是使行驶的汽车减速或者停止，保持下坡行驶的汽车速度稳定，使停止的汽车保持静止。

（1）供能装置　供能装置包括供给和调节制动所需的能量，改善传动介质状态的各种部件。2020 款比亚迪秦 EV 车型制动系统所需要的能量是通过整车控制器控制电动真空泵（图 8-1-7）提供真空压力的。2021 款比亚迪秦 EV 车型取消了真空泵，更换成集成式制动控制系统，简称为 IPB。

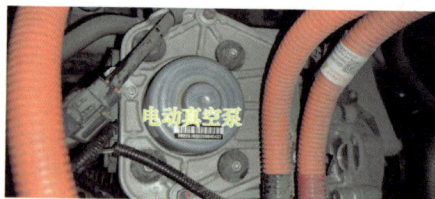

图 8-1-7　电动真空泵

（2）调节装置　调节装置是指引起制动反应和调节制动效果的各种部件，如制动踏板。

（3）传动装置　传动装置包括将制动能量传递给制动器的各种部件，如制动总泵和轮缸。

（4）制动器　制动器是指阻碍汽车运动或运动趋势的部件。

2. EPB 系统的概述

EPB（电子驻车系统）通过简单的电子驻车开关操作取代传统的手动拉杆，通过 ECU 控制电机实现驻车功能，同时，此系统还可以辅助安全驾驶。EPB 系统的主要功能如下：

（1）自动驻车　整车熄火至 OFF 档或档位在 P 位，系统会自动开启驻车功能。

（2）手动驻车　手动操作电子驻车开关（向上抬起），系统开启驻车功能。

（3）踩加速踏板自动释放驻车系统　起动车辆，档位在 D 位或 R 位，此时 EPB 系统已开启，轻踩加速踏板，EPB 系统会依据路面情况释放。

（4）换档自动释放　起动车辆，档位在 P 位或 N 位，电子驻车已开启，踩制动踏板换档至 R 位或 D 位，EPB 自动释放。

（5）手动释放驻车　起动车辆，切换到非 P 位，手动操作电子驻车开关（向下压），系统取消驻车。

（6）应急制动功能　在行驶过程中，制动失效的情况下，可以使用 EPB 系统强制制动。

EPB 系统的主要部件有电子驻车开关，左、右驻车电机，电子驻车模块。

使用 EPB 系统的注意事项如下：

1）在车辆行驶过程中，禁止操作电子驻车开关，除非紧急制动。

2）请勿带着驻车制动行驶。

3）驻车指示灯点亮请及时与供应商联系。

4）对 EPB 不熟悉的人不允许操作 EPB，以防止发生事故。

工作计划

按照前面所了解的知识内容和小组内部讨论的结果，制订工作方案，包括资料查阅渠道的落实、任务实施任务中的内容分工等，完成表 8-1-2。

表 8-1-2　工作方案表

步骤	工 作 内 容	负责人
1		
2		
3		
4		
5		

进行决策

1）各组派代表阐述资料查询结果。

2）各组就各自的查询结果进行交流，并分享技巧。

3）教师结合各组完成的情况进行点评，并选出最佳方案。

任务实施

一、任务准备

1. 设备及工具准备

设备及工具准备见表 8-1-3。

档位、加速
踏板、制动
系统参数
采集

表 8-1-3　设备及工具准备

序　号	设备及工具名称	数　量
1	数字万用表	1台
2	示波器	1台
3	绝缘防护套装	1套
4	常规工具套装	1套
5	比亚迪秦 EV 整车	1辆

2. 场地准备

1）任务实施前需要做好场地防护准备，检查实训场地和设备设施是否存在安全隐患，如不正常需进行处理后，方可实施任务。

2）本实训任务用到实车，任务实施前需要在车辆周围围上隔离带，并摆上安全提示牌。

3. 安全防护准备

1）检测各个设备以及所需要器材是否完好。

2）涉及高压安全操作，务必做好充分防护操作。

4. 其他辅助准备

汽车维修手册、教材、实训工作页、笔。

二、实施步骤

1）能够基于实车识别档位、加速踏板、制动系统中的各个接口。

2）能够结合"获取信息"并基于实车完成常用接口的插拔。

3）能够基于实车识别低压配电系统的结构。

4）能够说出在起动前后低压配电系统中核心数据的变化及其标准范围。

5）请各小组按照收集到的维修车辆信息、前面所了解的知识内容和小组内部讨论的结果，初步制订工作方案，内容包括但不限于故障现象的确认、相关电路图的识读、故障原因的分析、故障的排查等，填入表 8-1-4 中。

基于"正常状态下档位、加速踏板、制动系统的数据采集"视频，完成以下任务：

按照规范作业要求总结采集低压配电系统数据的步骤，完成数据采集并记录。

表 8-1-4　正常状态下档位、加速踏板、制动系统的数据采集单

实训准备		
档位、加速踏板、制动系统及参数采集		
步　骤	记　录	完成情况
1	不起动车辆状态下： 1）辅助蓄电池电压为_____V 2）前舱配电盒供电电压为_____V 3）仪表板配电盒供电电压为_____V	已完成□ 未完成□
2	在不起动车辆状态下，通过 OBD Ⅱ连接故障诊断仪： 1）打开_____，选择_____，选择_____，选择_____，自动扫描 2）故障诊断仪诊断结果为：_____	已完成□ 未完成□
3	起动车辆状态下： 1）辅助蓄电池电压为_____V 2）前舱配电盒供电电压为_____V 3）仪表板配电盒供电电压为_____V	已完成□ 未完成□

评价反馈

1）各组代表展示汇报 PPT，介绍任务的完成过程。

2）以小组为单位，请对各组的操作过程与操作结果进行自评和互评，并将结果填入表 8-1-5 中。

表 8-1-5 学生评价表

姓名		学号		班级		组别							
实训任务													
评价项目	分值	等级				评价对象（组别）							
		A	B	C	D	1	2	3	4	5	6	7	8
方案合理	20	20	15	10	5								
团队合作	20	20	15	10	5								
工作质量	20	20	15	10	5								
工作规范	20	20	15	10	5								
汇报展示	20	20	15	10	5								
合计	100	各组得分											
总结与反思													

（如：学习过程中遇到什么问题→如何解决的 / 解决不了的原因→心得体会）

3）教师对学生工作过程与工作结果进行评价，并将评价结果填入表 8-1-6 中。

表 8-1-6 教师对学生评价表

姓名			学号		班级		组别	
	实训任务							
	评价项目		评价标准				分值	得分
	考勤（10%）		无迟到、早退和旷课的现象				10	
工作过程（60%）	知识目标	获取信息	掌握工作相关知识				10	
		进行决策	制订工作方案，方案合理可行				10	
	技能目标	任务实施	能够按照要求做好设备及工具准备 正确进行场地准备 做好安全防护准备和其他防护准备				5	
			理解实训操作顺序 能够按照正确的步骤进行操作				5	
			能够根据实训操作 做好完善的记录				5	
			正确完成全部实训操作 按要求进行 6S 整理				5	

（续）

评价项目			评价标准	分值	得分
工作过程（60%）	素养目标	工作态度	认真严谨、积极主动 安全生产、文明施工	5	
		团队合作	与小组成员和同学之间能合作交流，友好协调工作	5	
		工作质量	能按照工作方案操作 按计划完成工作任务	10	
	项目成果（30%）	工作完整	能按时完成工作任务的所有环节	10	
		工作规范	能在整个操作过程中规范操作，避免意外事故的发生	10	
		汇报展示	能准确表达和汇报工作成果	10	
合计				100	

综合评价	学生评价（50%）	教师评价（50%）	综合得分
综合评语	（作业过程中存在的问题及改进建议）		

任务二　档位、加速踏板、制动系统故障诊断与维修

🎯 任务目标

知识目标

1. 了解档位、加速踏板、制动系统、EPB 系统参数采集。
2. 掌握制动踏板的工作原理。
3. 掌握低压配电系统的工作原理。

技能目标

1. 具备从多途径的信息源中检索专业知识的能力。
2. 具备对档位、加速踏板、制动系统、EPB 系统参数采集的能力。

素养目标

1. 掌握分析解决问题以及多元化思考解决问题的方法，形成创新意识。
2. 具有良好的团队协作精神和较强的组织沟通能力。
3. 具备良好的职业道德，尊重他人劳动，不窃取他人成果。

任务框图

档位、加速踏板、制动系统故障诊断与维修
- 档位参数采集
- 加速踏板参数采集
- 制动系统参数采集
- EPB系统参数采集

任务导入

　　一辆新款比亚迪秦 EV 汽车，被拖车至 4S 店后，车主向服务经理反映车辆无法正常制动。如果你是 4S 店的维修技师，你能对故障进行诊断并将故障排除吗？制动系统的检查都包含了哪些方面？你能对其进行一一检查吗？

任务分组

学生任务分配表见表 8-2-1。

表 8-2-1　学生任务分配表

班　级		组　号		指导老师	
组　长		学　号			
组　员	姓名：＿＿＿＿＿	学号：＿＿＿＿＿	姓名：＿＿＿＿＿	学号：＿＿＿＿＿	
	姓名：＿＿＿＿＿	学号：＿＿＿＿＿	姓名：＿＿＿＿＿	学号：＿＿＿＿＿	
	姓名：＿＿＿＿＿	学号：＿＿＿＿＿	姓名：＿＿＿＿＿	学号：＿＿＿＿＿	
	姓名：＿＿＿＿＿	学号：＿＿＿＿＿	姓名：＿＿＿＿＿	学号：＿＿＿＿＿	
任务分工					

（就组织讨论、工具准备、数据采集、数据记录、安全监督、成果展示等工作内容进行任务分工）

📡 获取信息

❓ **引导问题 1：** 在进行制动系统故障排查的过程中，经常需要进行档位、加速踏板、制动系统、EPB 系统的参数采集。你知道一般都是采集哪些插接件端子的参数值吗？请你查阅相关资料，并写在下面的横线上。

_____

_____

💡 知识点提示

一、档位参数采集

图 8-2-1 所示为比亚迪秦 EV 车型档位插接件，可以根据比亚迪秦 EV 车型档位端子信息表（表 8-2-2）来测试端子的数值，判断端子是否异常。

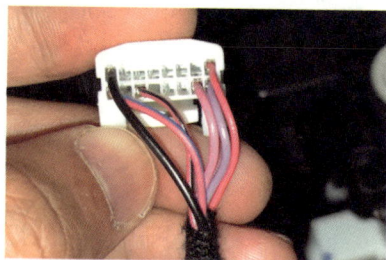

图 8-2-1　比亚迪秦 EV 车型档位插接件

表 8-2-2　档位端子 G39 信息表

序号	端 子 号	端子定义	线 色	测试条件	测量数值	备 注
1	G39-1	IG1 电	R/L	ON 档电	13.7V	
2	G39-3	背光 +	R/B	打开示宽灯	11.6V	
3	G39-7	CAN-H	P	ON 档电	2.5~3.5V	
4	G39-8	CAN-L	V	ON 档电	1.5~2.5V	
5	G39-9	信号地	B	断开负极	<1Ω	
6	G39-16	背光 –	R	ON 档电	5.6V	

二、加速踏板参数采集

图 8-2-2 所示为比亚迪秦 EV 车型加速踏板插接件，可以根据比亚迪秦 EV 车型加速踏板端子信息表（表 8-2-3）来测试端子的数值，判断端子是否异常。

图 8-2-2　比亚迪秦 EV 车型加速踏板插接件

表 8-2-3　加速踏板端子信息表

序号	端子定义	线　色	测试条件	测量数值	备　注
1	加速踏板深度信号 2	Y/L	ON 档电	0.3~2.1V	
2	加速踏板深度电源 2	Y/R	ON 档电	5V	
3	加速踏板深度电源 1	Y/G	ON 档电	5V	
4	加速踏板深度信号 1	Gr	ON 档电	0.7~4.1V	
5	加速踏板信号地 1	L/W	断开负极	<1Ω	
6	加速踏板信号地 2	L/R		<1Ω	

三、制动系统参数采集

图 8-2-3 所示为比亚迪秦 EV 车型制动踏板插接件，可以根据比亚迪秦 EV 车型制动踏板端子信息表（表 8-2-4）来测试端子的数值，判断端子是否异常。

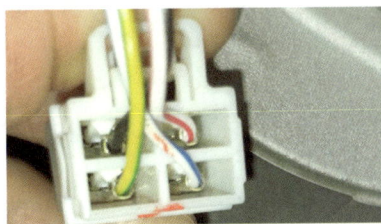

图 8-2-3　比亚迪秦 EV 车型制动踏板插接件

表 8-2-4　制动踏板端子信息表

端 子 号	端子定义	线　色	测 试 条 件	测 量 数 值	备　注
G28-1	制动灯开关	W/R	踩下制动踏板	与车身地电阻∞	
G28-2	制动灯开关地	B	断开负极	与车身地电阻 <1Ω	
G28-3	制动灯开关接 ESP	W/L	踩下制动踏板	12V	
G28-4	制动灯开关常电	Y/G		12V	

四、EPB系统参数采集

图 8-2-4 所示为比亚迪秦 EV EPB 插接件，可以从线束的插接件后端测量各端子对地的电压或电阻，测量结果对照表 8-2-5，来判断端子是否异常。

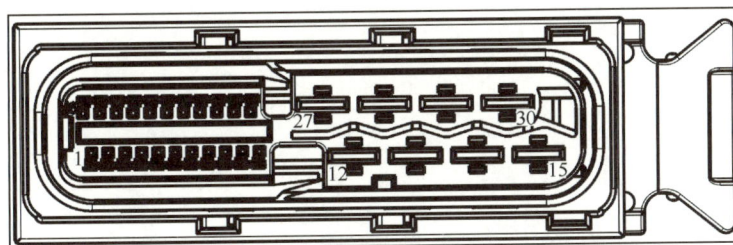

图 8-2-4　比亚迪秦 EV EPB 插接件

表 8-2-5　EPB 系统端子对地电压或电阻

端 子 号	线　色	端 子 描 述	测 量 条 件	正 常 值
K31-9- 车身地	Y/W	EPB 开关 1	—	
K31-10- 车身地	Y/B	EPB 开关 2	—	
K31-12- 车身地	G	右 EPB 电机正极	拉起或按下 EPB 开关	±（11~14V）

（续）

端 子 号	线 色	端 子 描 述	测 量 条 件	正 常 值
K31-13- 车身地	R	右 EPB 供电电源	始终	11~14V
K31-14- 车身地	W	左 EPB 电机正极	拉起或按下 EPB 开关	±（11~14V）
K31-15- 车身地	R/W	左 EPB 供电电源	始终	11~14V
K31-16- 车身地	P	CAN 高	ON 档	2.5~3.5V
K31-17- 车身地	V	CAN 低	ON 档	1.5~2.5V
K31-18- 车身地	Y/G	EPB 开关 3	—	—
K31-19- 车身地	W/G	EPB 开关 4	—	—
K31-22- 车身地	R/B	IG1 电	ON 档	11~13V
K31-27- 车身地	Y	右 EPB 电机负极	拉起或按下 EPB 开关	±（11~14V）
K31-28- 车身地	B	EPB ECU 地	始终	小于 1Ω
K31-29- 车身地	L	左 EPB 电机负极	拉起或按下 EPB 开关	±（11~14V）
K31-30- 车身地	B	EPB ECU 地	始终	小于 1Ω

📋 工作计划

　　按照前面所了解的知识内容和小组内部讨论的结果，制订工作方案，包括资料查阅渠道的落实、任务实施任务中的内容分工等，完成表 8-2-6。

表 8-2-6　工作方案表

步骤	工 作 内 容	负责人
1		
2		
3		
4		
5		

👤 进行决策

　　1）各组派代表阐述资料查询结果。
　　2）各组就各自的查询结果进行交流，并分享技巧。
　　3）教师结合各组完成的情况进行点评，并选出最佳方案。

👥 任务实施

一、任务准备

1. 设备及工具准备
设备及工具准备见表 8-2-7。

表 8-2-7 设备及工具准备

序 号	设备及工具名称	数 量
1	数字万用表	1台
2	示波器	1台
3	绝缘防护套装	1套
4	常规工具套装	1套
5	比亚迪秦 EV 整车	1辆

2. 场地准备

1）任务实施前需要做好场地防护准备，检查实训场地和设备设施是否存在安全隐患，如不正常需进行处理后，方可实施任务。

2）本实训任务用到实车，任务实施前需要在车辆周围围上隔离带，并摆上安全提示牌。

3. 安全防护准备

1）检测各个设备以及所需要器材是否完好。

2）涉及高压安全操作，务必做好充分防护操作。

4. 其他辅助准备

汽车维修手册、教材、实训工作页、笔。

二、实施步骤

1. 制动系统故障排查思路

（1）制动摩擦片异常磨损、拖滞故障排除思路

1）确认并复现故障。

2）检查制动灯开关间隙是否满足设计要求（1.5~2.5mm），制动踏板是否回位正常。是，按照3）操作；否，调整制动灯开关的间隙或检查制动踏板的情况。

3）整车上电，松开驻车制动器开关，用举升机举升汽车，并用手转动四个车轮，检查四轮是否有卡滞的现象。是，按照4）操作；否，寻找其他可能引起制动片异常磨损、拖滞的原因。

4）反复踩制动踏板数次，然后再次转动车轮，检查是否存在制动器拖滞的现象。是，按照5）操作；否，更换真空助力系统（2021 款比亚迪秦 EV 车型更换集成式制动系统，简称为IPB）。

5）松开制动钳上的制动软管，然后转动车轮，检查是否存在制动器拖滞的现象。是，更换制动卡钳；否，检查制动管路是否存在堵塞。

（2）制动灯开关间隙调整

1）拆除下护板，并视情况拆除制动踏板周边配件。

2）逆时针转动制动灯开关，拆下制动灯开关，然后用一个 1.5mm 厚度的平板置于制动灯开关限位垫的上方，将制动灯开关插入安装支座，使制动灯开关的触头完全压缩在平板上，顺时针转动制动灯开关，拧紧制动灯开关，抽出平板。

3）安装完成后，踩下、松开制动踏板数次，待制动踏板自然回位后，检测制动灯开关间隙（即制动灯开关触头露出长度）是否在 1.5~2.5mm 范围内。如不满足，则重新调整间隙。制

动灯开关间隙标准为 1.5~2.5mm。

4）调整完成后，确认踩下制动踏板后车尾的制动指示灯会点亮，且松开制动踏板后车尾的制动指示灯会熄灭，则制动灯开关工作正常。

（3）制动踏板的检查与更换　制动踏板的检查步骤如下：

1）拆除下护板，并视情况拆除制动踏板周边配件。

2）整车上电。踩下、松开制动踏板数次，确认制动踏板是否无卡滞、回位顺畅。

3）踩下制动踏板，检查制动灯开关限位垫是否老化、破损或明显磨损。若有，则予以更换。

4）用塞尺检查制动灯开关间隙是否符合要求。如不符合要求，则进行制动灯开关间隙调整。

制动踏板的更换步骤如下：

1）拆除下护板，并视情况拆除制动踏板周边配件。

2）逆时针转动制动灯开关，拆下制动灯开关。

3）拆除制动踏板后支架联接螺栓和四个螺母。

4）使用专用工具，拆卸推杆球头。

5）将制动踏板总成拆下。

6）更换新的制动踏板，以与拆卸相反的顺序进行安装复原。

7）按照制动灯开关间隙进行调整，保证制动灯开关间隙在 1.5~2.5mm 范围内。

装配力矩要求：制动踏板后支架联接螺栓与前围板连接力矩为（30±3）N·m。

制动踏板与制动鼓或 IPB 联接螺母力矩为（25±2）N·m。

（4）制动系统排气　汽车制动系统中的制动液压回路若有空气混入，必须按照操作规范进行排气操作，否则可能导致制动系统气体无法排净、真空泵或 IPB（2021 款的比亚迪秦 EV 车型安装的是 IPB）无助力、制动系统报警等，影响制动安全。汽车制动系统的排气具体方法如下：

1）制动系统手动排气需要两人操作，制动系统排气的顺序应该由远到近，一般右后轮、左后轮、右前轮、左前轮。用两个制动轮缸对车轮制动器排气时，先排出制动轮缸空的气体，再排出后排的制动轮缸空的气体。每个制动轮缸的排气方法相同。

2）整车上电，取下放气阀上的防尘盖，在放气阀上安装一根适当长度的透明油管，并将一端插入容器中，油管的下口不得露出液面。

3）一人踩几次制动踏板，然后用力踩下制动踏板，另一人将制动轮缸排气阀上的排气螺钉拧松 1/2 圈。此时，空气体将与油一起排出。当制动踏板位置下降到行程终点时，立即拧紧排气螺钉，注意两人配合的准确性。

4）重复上述操作，排出制动系统中的空气，直到无气泡的制动液流出，然后拧紧排气螺钉，更换防尘盖。

5）在排气过程中，随时检查主缸制动液液位，不足时补充制动液。

（5）制动管路的检测与更换

1）检查制动软管是否损坏、老化、泄漏、相互干扰及扭曲。

2）检查制动硬管是否损坏、锈蚀及泄漏，还要检查制动硬管是否有明显变形。

3）检查制动软管、制动硬管各接头和连接处是否有泄漏，必要时重新紧固。

4）检查 IPB 总成是否破损，各接头处是否有泄漏。

> **注意**：一旦检修制动硬管，务必更换制动管路管夹。

5）如果制动软管被扭曲、开裂或泄漏，请更换制动软管，否则会出现泄漏。

（6）前制动器（浮钳）制动片的检测及更换

1）整车下电。使用举升机举起车辆，利用安全支撑，在合适的位置将其支撑，车底放置安全支架后，拆下前轮。

2）检查内侧制动片和外侧制动片摩擦材料的厚度（钢背的厚度不计）。摩擦材料的厚度要求不小于 2.5mm。

3）将制动钳彻底清理干净，除去全部锈蚀，并检查是否有沟槽及裂纹，检查制动盘是否有破损或裂纹。

4）正确安装制动片，将带有磨损报警器的制动片安装在内侧。

（7）后制动器制动片的检测及更换

1）使用举升机举起车辆，利用安全支撑，在合适的位置将其支撑，车底放置安全支架后，拆下后轮。整车下电熄火。

2）检查内侧制动片和外侧制动片摩擦材料的厚度（钢背的厚度不计）。摩擦材料的厚度要求不小于 2mm。

3）如果制动片摩擦材料的厚度小于维修极限，则应将制动片整套更换。

2. EPB 制动钳的检查与更换

（1）驻车制动性能检测　拉起 EPB 开关，车辆可在 20% 坡度上实现驻车。如果出现溜车，则需要检修 EPB 系统。

（2）EPB 制动钳常规检测

1）使用举升机举起车辆，利用安全支撑，在合适的位置将其支撑，车底放置安全支架后，拆下后轮。

2）检查制动钳是否存在损坏或漏油的迹象：活塞防尘罩处、排气螺钉处等。

3）检查制动钳浮动销是否存在卡死、阻滞力大或黏结等现象。

4）检查 EPB 线束是否有磨损、连接是否可靠。

（3）EPB 制动钳电气故障检测　当仪表上制动系统警告灯点亮时，需连接诊断设备，对 EPB 驱动总成的故障进行检测，确认 EPB 驱动总成是否存在故障。

（4）EPB 制动钳更换

1）使用举升机举起车辆，利用安全支撑，在合适的位置将其支撑，车底放置安全支架后，拆下后轮。

2）进行 EPB 维修释放，再将整车下电熄火，并拆卸连接 EPB 的线束插接件。

3）首先拆下进油口处的空心螺栓，然后拆下六角法兰面螺栓，最后取下 EPB 制动钳（注意：空心螺栓上的两个平垫圈不能重复使用）。

4）取出待更换的新的制动钳，确认所有橡胶件无破损、老化，EPB 驱动总成壳体无破损，所有零部件安装到位。

5）把制动钳卡在制动盘上，并按要求依次安装六角法兰面螺栓和进油口处空心螺栓（注意：需要更换两个新的平垫圈）。

6）恢复 EPB 与线束插接件的连接，把线束插接件与 EPB 驱动总成的连接插槽接好，拉动插头确认已将线束装配牢固，线束连接插头设计有防松机构，以确保插接良好的插头不会松脱。

7）进行 EPB 维修拉起操作，确认无 EPB 故障码。

8）对制动系统进行排气处理。

（5）EPB 维修释放与维修拉起操作　在拆装后制动钳、后制动片之前，必须先进行 EPB 维修释放，否则可能导致装配困难、EPB 误触发引起硬件损坏或意外。EPB 维修释放状态之后，需要进行 EPB 维修拉起操作，才可退出维修释放状态。退出维修释放状态后，EPB 系统恢复正常，可以响应所有功能。

使用 EPB 开关，按以下步骤进行 EPB 维修释放：

1）整车上电（ON 档）或起动车辆。

2）持续踩住制动踏板，踩制动踏板的效果为"制动灯常亮"。

3）持续按下 EPB 开关 10s 以上，此时仪表上的报警指示灯（红色叹号灯）会闪烁。

4）在报警指示灯开始闪烁的 2s 内松开 EPB 开关。

5）松开 EPB 开关后开始计时，在之后 3~5s 的范围内，再次按一下 EPB 开关。

6）EPB 开始执行完全释放，报警指示灯转为常亮。

7）松开制动踏板，操作完成。

> 注意事项如下：
>
> ① 全过程必须始终踩下制动踏板。
>
> ② 第一次按下开关若保持时间少于 10s 或多于 12s，系统都会自动恢复为初始状态，需要重新操作。
>
> ③ 再次按下开关，若是在第一次松开开关后的 3s 以内或 5s 以后，系统都会自动恢复为初始状态，需要重新操作。
>
> ④ 进入完全释放后，系统将不会响应任何功能，需要重新"维修拉起"或使用 EPB 开关退出维修释放。

3. 加速踏板故障检测与维修

整车控制器给加速踏板输出 5V 电源，加速踏板通过转轴与传感器内部的滑动变阻器的电刷连接，加速踏板位置传感器的位置改变时，电刷与接地端的电压发生改变，整车控制器将该电压转换成加速踏板的位置信号。为保证输出信号的可靠性，加速踏板有冗余设计，加速踏板深度传感器内部有两组滑变电阻（即同时输出两组信号：电压变化刚好相反）。加速踏板检查操作步骤如下：

1）整车上电，测量加速踏板深度传感器 1 和 2 的电压是否正常，正常值为 5V。断开辅助蓄电池负极，拔下加速踏板深度传感器的 G44 插接件，再接上辅助蓄电池负极再上电，然后测量线束端 3 号端子（黄绿线）与 5 号端子（蓝白）、2 号端子（黄橙线）与 6 号端子（蓝橙线）之间是否有 5V 电压。

2）测量 G44-4 与 GK49-62 和 G44-1 与 GK49-48 之间的线束是否导通正常（每根线阻值均小于 1Ω）且两根信号线没有对地短路。

3）测量加速踏板深度传感器上 4 号端子（黄蓝线）与 5 号端子（蓝白）、1 号端子（黄蓝线）与 6 号端子（蓝橙线）之间电阻在踩动踏板时阻值也是连续变化的，即可排除传感器故障。或者连接故障诊断仪查看整车控制器的数据流，踩加速踏板时，观察节气门的开度是否在 0~100% 范围内变化。

评价反馈

1）各组代表展示汇报 PPT，介绍任务的完成过程。

2）以小组为单位，请对各组的操作过程与操作结果进行自评和互评，并将结果填入表 8-2-8 中。

表 8-2-8　学生评价表

姓名		学号				班级			组别			
实训任务												
评价项目	分值	等　级				评价对象（组别）						
		A	B	C	D	1	2	3	4	5	6	7	8
方案合理	20	20	15	10	5								
团队合作	20	20	15	10	5								
工作质量	20	20	15	10	5								
工作规范	20	20	15	10	5								
汇报展示	20	20	15	10	5								
合计	100	各组得分											
总结与反思													

（如：学习过程中遇到什么问题→如何解决的 / 解决不了的原因→心得体会）

3）教师对学生工作过程与工作结果进行评价，并将评价结果填入表 8-2-9 中。

表 8-2-9　教师对学生评价表

姓名			学号		班级		组别	
实训任务								
评价项目			评价标准				分值	得分
考勤（10%）			无迟到、早退和旷课的现象				10	
工作过程（60%）	知识目标	获取信息	掌握工作相关知识				10	
		进行决策	制订工作方案，方案合理可行				10	
	技能目标	任务实施	能够按照要求做好设备及工具准备 正确进行场地准备 做好安全防护准备和其他防护准备				5	
			理解实训操作顺序 能够按照正确的步骤进行操作				5	
			能够根据实训操作 做好完善的记录				5	
			正确完成全部实训操作 按要求进行 6S 整理				5	
	素养目标	工作态度	认真严谨、积极主动 安全生产、文明施工				5	
		团队合作	与小组成员和同学之间能合作交流，友好协调工作				5	
		工作质量	能按照工作方案操作 按计划完成工作任务				10	
项目成果（30%）		工作完整	能按时完成工作任务的所有环节				10	
		工作规范	能在整个操作过程中规范操作，避免意外事故的发生				10	
		汇报展示	能准确表达和汇报工作成果				10	
合计							100	
综合评价		学生评价（50%）		教师评价（50%）			综合得分	
综合评语		（作业过程中存在的问题及改进建议）						

情智课堂

新能源汽车的发展方向：智能网联汽车

全球正掀起一场新能源汽车、智能网联汽车的革命，正在或即将影响我们的未来生活。

智能网联汽车是一个跨技术、跨产业领域的新兴体系，从不同角度、不同背景对它的理解是有差异的，各国对智能网联汽车的定义不同，叫法也不尽相同，但终极目标是一样的，即可上路安全行驶的无人驾驶汽车。

可以从 3 个维度对智能网联汽车进行剖析，即"智能""网联""汽车"。"智能"是指搭载先进的车载传感器、控制器、执行器等装置和车载系统模块，具备复杂环境感知、智能化决策与控制等功能；"网联"主要指信息互联共享能力，即通过通信与网络技术，实现车内、车与车、车与环境间的信息交互；"汽车"是智能终端载体的形态，可以是燃油汽车，也可以是新能源汽车，未来以新能源汽车为主。

随着汽车保有量的增加，能源短缺、环境污染、交通拥堵和事故频发等社会问题也层出不穷，智能网联汽车是解决这些社会问题的有效方案，是汽车行业的发展方向。智能网联汽车作为新一轮科技革命背景下的新兴产品，可显著改善交通安全、实现节能减排、减缓交通拥堵、提高交通效率，并拉动汽车、电子、通信、服务、社会管理等行业协同发展，对促进汽车产业转型升级具有重大战略意义。可以说，智能网联汽车是新能源汽车未来的发展方向。

参考文献

［1］宋广辉，陈东．新能源汽车维护与故障诊断［M］．北京：机械工业出版社，2018.

［2］吴书龙，何宇漾．新能源汽车电气技术［M］．北京：机械工业出版社，2017.

［3］黄文进，尹爱华．新能源汽车电学基础和高压安全［M］．北京：机械工业出版社，2017.

［4］吕东明，杨运来．新能源汽车电机及控制系统检修［M］．北京：机械工业出版社，2018.

［5］周梅芳，罗英．新能源汽车概论［M］．北京：机械工业出版社，2017.